66 매일 성장하는 **초등 자기개발서** 99

KB129359

Q 왜 공부력을 키워야 할까요?

쓰기력

정확한 의사소통의 기본기이며 논리의 바탕

연필을 잡고 종이에 쓰는 것을 괴로워한다!
맞춤법을 몰라 정확한 쓰기를 못한다!
말은 잘하지만 조리 있게 쓰는 것이 어렵다!
그래서 글쓰기의 기본 규칙을 정확히 알고
써야 공부 능력이 향상됩니다.

어휘력

교과 내용 이해와 독해력의 기본 바탕

어휘를 몰라서 수학 문제를 못 푼다!
어휘를 몰라서 사회, 과학 내용 이해가 안 된다!
어휘를 몰라서 수업 내용을 따라가기 어렵다!
그래서 교과 내용 이해의 기본 바탕을
다지기 위해 어휘 학습을 해야 합니다.

독해력

모든 교과 실력 향상의 기본 바탕

글을 읽었지만 무슨 내용인지 모른다!
글을 읽고 이해하는 데 시간이 오래 걸린다!
읽어서 이해하는 공부 방식을 거부하려고 한다!
그래서 통합적 사고력의 바탕인 독해 공부로
교과 실력 향상의 기본기를 닦아야 합니다.

계산력

초등 수학의 핵심이자 기본 바탕

계산 과정의 실수가 잦다!
계산을 하긴 하는데 시간이 오래 걸린다!
계산은 하는데 계산 개념을 정확히 모른다!
그래서 계산 개념을 익히고 속도와 정확성을
높이기 위한 훈련을 통해 계산력을 키워야 합니다.

시대는 빠르게 변해도
배움의 즐거움은
변함없어야 하기에

어제의 비상은
남다른 교재부터
결이 다른 콘텐츠
전에 없던 교육 플랫폼까지

변함없는 혁신으로
교육 문화 환경의 새로운 전형을
실현해왔습니다.

비상은 오늘, 다시 한번
새로운 교육 문화 환경을 실현하기 위한
또 하나의 혁신을 시작합니다.

오늘의 내가 어제의 나를 초월하고
오늘의 교육이 어제의 교육을 초월하여
배움의 즐거움을 지속하는 혁신,

바로, 메타인지 기반 완전 학습을.

상상을 실현하는 교육 문화 기업 비상

메타인지 기반 완전 학습

초월을 뜻하는 meta와 생각을 뜻하는 인지가 결합한 메타인지는
자신이 알고 모르는 것을 스스로 구분하고 학습계획을 세우도록 하는
궁극의 학습 능력입니다. 비상이 메타인지 기반 완전 학습 시스템은
잠들어 있는 메타인지를 깨워 공부를 100% 내 것으로 만들도록 합니다.

한자 카드

카드를 활용하여 이 책에서 배운 한자와 어휘를 복습해 보세요.

※ 점선을 따라 뜯어요.

붙을 **착**

도착(到着) | 착용(着用)
착륙(着陸) | 접착제(接着劑)

visang

가릴 **선**

선정(選定) | 선수(選手)
선거(選擧) | 선출(選出)

visang

고칠 **개**

개선(改善) | 개명(改名)
개편(改編) | 개헌(改憲)

visang

중요할/구할 **요**

요청(要請) | 요약(要約)
주요(主要) | 수요(需要)

visang

자리 **위**

위치(位置) | 순위(順位)
단위(單位) | 지위(地位)

visang

씻을 **세**

세수(洗手) | 세척(洗滌)
세면대(洗面臺)
세탁기(洗濯機)

visang

물고기 **어**

문어(文魚) | 어선(魚船)
어항(魚缸) | 어패류(魚貝類)

visang

비 **우**

폭우(暴雨) | 우기(雨期)
우산(雨傘) | 강우량(降雨量)

visang

번개 **전**

가전(家電) | 정전(停電)
전등(電燈) | 발전소(發電所)

visang

말씀 **담**

덕담(德談) | 면담(面談)
속담(俗談) | 회담(會談)

visang

견줄 비

비교(比較) | 비율(比率)
비유(比喩) | 비례(比例)

볼 관

관찰(觀察) | 관객(觀客)
가치관(價値觀)
객관적(客觀的)

더할 가

가열(加熱) | 가입(加入)
추가(追加) | 증가(增加)

그칠 지

금지(禁止) | 방지(防止)
폐지(廢止) | 정지(停止)

세울 건

건국(建國) | 건의(建議)
건축(建築) | 건설(建設)

반드시 필

필요(必要) | 필승(必勝)
필독서(必讀書)
생필품(生必品)

본받을 효

효과(效果) | 효율(效率)
즉효(卽效) | 무효(無效)

능할 능

기능(機能) | 능력(能力)
능률(能率) | 가능성(可能性)

완전할 완

완벽(完璧) | 완주(完走)
완공(完工) | 보완(補完)

허락할 허

허용(許容) | 허다(許多)
면허(免許) | 특허(特許)

완자

공부력

초등 전과목
한자 어휘 4B

초등 전과목 한자 어휘
3A-4B 구성

한자 학습

3A	開 열 개	感 느낄 감	共 함께 공	代 대신할 대	表 겉 표
	近 가까울 근	多 많을 다	注 부을 주	身 몸 신	習 익힐 습
	公 공평할 공	分 나눌 분	音 소리 음	野 들 야	和 화목할 화
	交 사귈 교	國 나라 국	溫 따뜻할 온	通 통할 통	意 뜻 의
3B	計 셀 계	高 높을 고	別 나눌 별	光 빛 광	明 밝을 명
	路 길 로	目 눈 목	信 믿을 신	失 잃을 실	成 이룰 성
	弱 약할 약	體 몸 체	風 바람 풍	反 돌이킬 반	本 근본 본
	席 자리 석	運 옮길 운	定 정할 정	集 모을 집	行 다닐 행
4A	兒 아이 아	傳 전할 전	善 착할 선	性 성품 성	友 벗 우
	知 알 지	見 볼 견	思 생각 사	望 바랄 망	情 뜻 정
	品 물건 품	商 장사 상	産 낳을 산	價 값 가	賣 팔 매
	獨 홀로 독	害 해할 해	爭 다툴 쟁	約 맺을 약	終 마칠 종
4B	改 고칠 개	選 가릴 선	着 붙을 착	位 자리 위	要 중요할/구할 요
	雨 비 우	魚 물고기 어	洗 씻을 세	談 말씀 담	電 번개 전
	加 더할 가	觀 볼 관	比 견줄 비	建 세울 건	止 그칠 지
	能 능할 능	效 본받을 효	必 반드시 필	許 허락할 허	完 완전할 완

중요 한자를 학습하고, 한자에서 파생된
전과목 교과서 어휘의 실력을 키워요!

교과서 어휘 학습

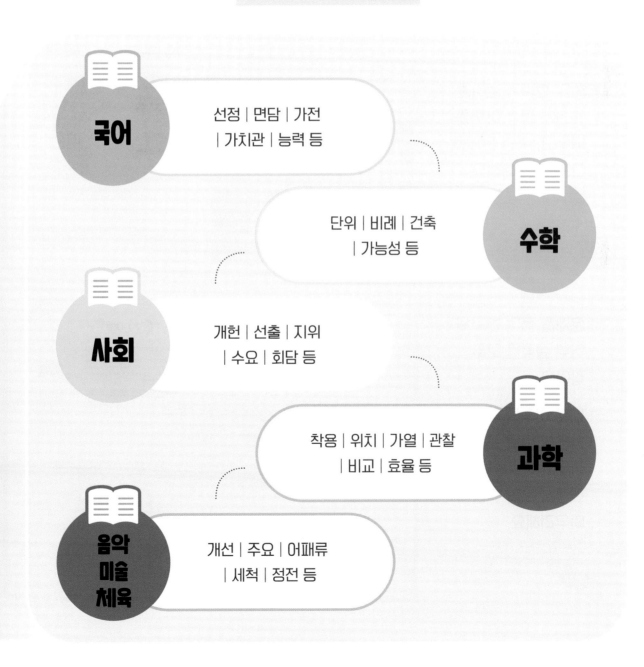

국어
선정 | 면담 | 가전
| 가치관 | 능력 등

수학
단위 | 비례 | 건축
| 가능성 등

사회
개헌 | 선출 | 지위
| 수요 | 회담 등

과학
착용 | 위치 | 가열 | 관찰
| 비교 | 효율 등

**음악
미술
체육**
개선 | 주요 | 어패류
| 세척 | 정전 등

특징과 활용법

✳ 그림과 간단한
설명으로 오늘 배울
한자를 익혀요.

✳ 해당 한자가 들어간
교과서 필수 어휘를
배우고, 확인 문제로
그 뜻을 이해해요.

✳ 문제를 풀며 한자와
어휘 실력을 모두
잡아요.

✳ 배운 어휘를 직접
사용해 보며 표현력을
기르고, 한자를
쓰면서 오늘 학습을
마무리해요.

✅ 책으로 하루 4쪽 공부하며, 초등 어휘력을 키워요!

✅ 모바일앱으로 공부한 내용을 복습하고 몬스터를 잡아요!

공부한 내용 **확인하기**

모바일앱으로 복습하기

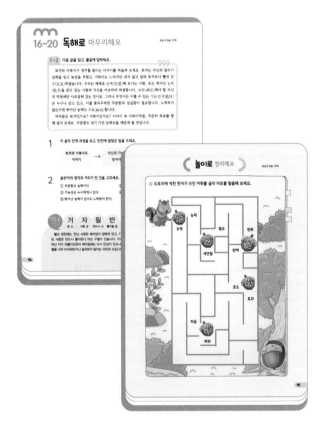

 앱 다운받기

 책 인증하기

✳ 5일 동안 배운 한자가 포함된
글을 읽고, 문제를 풀면서 독해력을
키워요. 💡

✳ 중요 한자성어를 실생활에서 사용할
수 있도록 배워요.

✳ 다양한 어휘 놀이로 5일 동안 배운
어휘를 재미있게 정리해요.

✳ 그날 배운 내용을 바로바로,
또는 주말에 모아서 복습하고,
다이아몬드 획득까지! 💎
공부가 저절로 즐거워져요!

차례

한 친구가
작은 습관을 만들었어요.

매일매일의 시간이 흘러
작은 습관은 큰 습관이 되었어요.

큰 습관이 지금은 그 친구를 이끌고
있어요. 매일매일의 좋은 습관은
우리를 좋은 곳으로 이끌어 줄 거예요.

**우리도
하루 4쪽 공부 습관!
스스로 공부하는 힘을
키워 볼까요?**

01

고칠 개(改)

어린아이를 훈육하는 모습을 표현한 글자로, 잘못을 바로잡는다는 의미에서 '고치다', '바꾸다'를 뜻합니다.

영상으로 필순 보기

ㄱ ㄱ ㄹ ㄹ ㄹ 弛 改 改

정답과 해설 104쪽

◎ [1~4] 어휘의 뜻을 살펴보고, 알맞은 예문을 찾아 선을 연결하세요.

미술
개 선
고칠 改　착할 善

뜻 고쳐서 더 좋게 만듦.

・

・ **1** 디자인은 우리 생활의 불편한 점
을 ☐ 하려는 고민에서
시작된다.

사회
개 명
고칠 改　이름 名

뜻 이름을 고침. 또는 그 이름.

・

・ **2** 세종 대왕은 고려 시대의 여러 연
구 기관을 모아 집현전으로 확대
하여 ☐ 했다.

사회
개 편
고칠 改　엮을 編

뜻 ① 조직 등을 고쳐 편성함. ② 책이
나 과정 등을 고쳐 다시 엮음.

・

・ **3** 직선제 ☐ 에 따라 대통
령을 국민들의 손으로 직접 뽑을
수 있게 되었다.

사회
개 헌
고칠 改　법 憲

뜻 헌법을 고침.

・

・ **4** 우리나라는 이름을 바꿀 만한 충분
한 이유가 있는 경우 ☐
을 허가해 주고 있다.

9

1 밑줄 친 '개' 자의 공통된 뜻을 고르세요.

> • **개**헌: 헌법을 고침.
> • **개**량: 나쁜 점을 보완하여 더 좋게 고침.
> • **개**혁: 제도나 기구 따위를 새롭게 뜯어고침.

① 열다   ② 끼다   ③ 덮다   ④ 씻다   ⑤ 고치다

2 빈칸에 알맞은 어휘를 쓰세요.

> 다음 주부터 ┌ ㄱ ┐ ┌ ㅍ ┐ 된 사회적 거리 두기 단계에 따라 전면 등교를 한다.
> ↳ 책이나 과정 등을 고쳐 다시 엮음.

[✎   ]

3 밑줄 친 곳에 '개선(改善)'을 쓸 수 없는 문장의 기호를 쓰세요.

> ㉠ 비가 온 뒤에 눈이 내려 도로 상황이 더욱 _____되었다.
> ㉡ 인권은 사회 구성원들의 관심과 노력으로 _____될 수 있다.
> ㉢ 이곳이 어린이 보호 구역임을 운전자가 분명히 알게 하자는 _____ 방안이 나왔다.

[✎   ]

4 밑줄 친 곳에 알맞은 어휘에 ○표를 하세요.

> 이름을 바꾼 이유도 각양각색, _____한 연예인들의 이야기

개명   개조   개방   개정

○ '고칠 개(改)'가 들어가는 어휘를 넣어서 글을 써 보세요.

　　만일 자신에게 무엇이든 고칠 수 있는 능력이 있다면, 무엇을 고치고 싶나요? 망가진 물건, 욱하는 성격, 손톱을 물어뜯는 버릇 등……. 어떤 것이든 좋아요. 나 자신과 주변에서 고치고 싶은 것을 찾아보고, 고치고 싶은 이유와 함께 이야기해 보세요.

도움말 개선, 개명, 개조, 개량 등에 '고칠 개(改)'가 들어가요.

예 저는 흔치 않은, 독특한 이름으로 개명하고 싶습니다. 우리 반만 살펴봐도 제 이름과 똑같은 친구가 세 명이나 있어요. 심지어 성도 같아, 헷갈리는 일이 많이 생깁니다. 이런 불편한 점을 개선하기 위해서라도 개명이 필요합니다.

따라 쓰며 **한자力** 완성해요

改	改			
고칠 개	고칠 개			

오늘의 학습을 평가해 보아요. 😞 부족함 😐 보통임 😊 잘함

가릴 선(選)

'辶(쉬엄쉬엄 갈 착)'과 '巽(부드러울 손)'을 합한 글자로, 탁자 위에 무릎을 꿇고 앉은 사람들[巽] 중에 누구를 보낼 것인지 선택한다는 의미에서 '가리다', '뽑다'를 뜻합니다.

영상으로 필순 보기

○ [1~4] 어휘의 뜻을 살펴보고, 빈칸에 알맞은 어휘를 찾아 한글로 쓰세요.

국어

선 정

가릴 選   정할 定

뜻 여럿 가운데서 어떤 것을 뽑아 정함.

체육

선 수

가릴 選   손 手

뜻 운동 경기 등에서 대표로 뽑힌 사람. 또는 스포츠를 직업으로 하는 사람.

도덕

선 거

가릴 選   들 擧

뜻 조직이나 집단의 대표자나 임원을 뽑는 일.

사회

선 출

가릴 選   날 出

뜻 여럿 가운데서 골라냄.

1 [ㅤㅤㅤ] 한 주제에 맞는 의견을 제시한다.

2 국회 의원은 국민의 투표로 4년마다 [ㅤㅤㅤ] 한다.

기쁨의 세리머니!

3 세리머니는 골을 넣은 [ㅤㅤㅤ] 이/가 그 기쁨을 몸짓으로 나타내는 것이다.

4 반장 [ㅤㅤㅤ] 에 여자만 또는 남자만 나갈 수 있다고 한다면 어떤 기분일까요?

문제로 어휘力 높여요

1 밑줄 친 어휘와 뜻이 가장 거리가 <u>먼</u> 어휘를 고르세요.

> 자신의 몸에 알맞은 운동을 <u>선택해야</u> 한다.

① 뽑아야 ② 정해야 ③ 택해야 ④ 잘해야 ⑤ 골라야

2 괄호 안에서 알맞은 어휘를 골라 ○표를 하세요.

1 이번에 새로 (선거 | 선출)된 시장은 복지에 관심이 많다.

2 학생들이 학교를 대표할 사람을 뽑는 (선거 | 선점)을/를 치렀다.

3 빈칸에 알맞은 어휘를 보기 에서 골라 쓰세요.

> **보기**
>
> 선정(가릴 選 + 정할 定)   선호(가릴 選 + 좋을 好)

1 인권상 수상 후보자를 [　　　] 하고 추천서를 써 보세요.

2 요즘 초등학생들이 [　　　] 하는 색상과 디자인을 참고하여 가방을 만들었어요.

4 밑줄 친 '이 사람들'이 누구인지 골라 ✔표를 하세요.

> 가영: <u>이 사람들</u>은 다른 사람보다 뛰어난 운동 감각이 있어야 할 것 같아.
> 선우: 맞아. 그리고 꾸준한 훈련과 강한 정신력도 뒷받침되어야 해.
> 보민: 나는 경기에서 최선을 다하는 그들의 모습에서 감동을 받아.

☐ 목수   ☐ 선수   ☐ 가수

글 쓰며 **표현力** 높여요

정답과 해설 105쪽

● '가릴 선(選)'이 들어가는 어휘를 넣어서 글을 써 보세요.

여가란 일이 없어 남는 시간을 뜻하는 말이에요. 이처럼 자유로운 시간에 여러분은 무엇을 하며 보내나요? 가장 좋았던 여가 활동을 떠올려 보고 친구들과 공유하는 시간을 가져 보세요.

도움말 선정, 선수, 선택, 선호 등에 '가릴 선(選)'이 들어가요.

(예) 저는 축구 경기를 관람하며 여가 시간을 보냅니다. 이기고 지는 것을 떠나 넓은 축구장에 선수를 어떻게 배치하느냐, 공격과 수비 중 어느 쪽을 선택하여 경기를 운영하느냐에 집중하여 본다면 그동안 알지 못했던 축구의 묘미를 느낄 수 있습니다.

따라 쓰며 **한자力** 완성해요

選	選				
가릴 선	가릴 선				

오늘의 학습을 평가해 보아요. ☹️ 부족함 😐 보통임 😊 잘함

03 붙을 착(着)

'著(나타날 저)'에서 파생된 글자로, '붙다', '(옷을)입다.', '(신을)신다.' 등을 뜻합니다. 어느 곳에 '다다르다', '도착하다'라는 뜻으로도 쓰입니다.

영상으로 필순 보기

丶 丷 𡭔 ⺷ 坒 羊 羊 着 着 着

○ [1~4] 어휘의 뜻을 살펴보고, 알맞은 예문을 찾아 선을 연결하세요.

사회
도 착
이를 到 붙을 着

뜻 목적한 곳에 다다름.

• 1 화학 물질을 다룰 때에는 실험복을 ☐ 합니다.

과학
착 용
붙을 着 쓸 用

뜻 의복, 모자, 신발, 액세서리 등을 입거나, 쓰거나, 신거나 차거나 함.

• 2 자전거를 타고 먼저 ☐ 하는 사람이 우승입니다.

국어
착 륙
붙을 着 뭍 陸

뜻 비행기 등이 공중에서 활주로나 판판한 곳에 내림.

• 3 헬리콥터는 좁은 면적이라도 ☐ 할 수 있다.

미술
접 착 제
이을 接 붙을 着 약제 劑

뜻 두 물체를 붙이는 데 쓰는 물질.

• 4 종이 접시 뒷면에 굵은 털실을 ☐ (으)로 고정합니다.

1 '착(着)' 자를 넣어, 밑줄 친 곳에 공통으로 들어갈 어휘를 쓰세요.

> • 이 운동화는 무엇보다 _____ 후기가 좋다.
> • 요즘 단체 티셔츠를 구입해 _____ 하는 곳이 많다.
> • 차를 탈 때에는 안전띠 _____ 을/를 생활화해야 한다.
> • 뜨거운 햇볕에 선글라스와 모자를 _____ 하는 사람들이 늘어났다.

[✎   ]

2 밑줄 친 어휘와 뜻이 반대인 어휘에 ✔표를 하세요.

1 나는 평소보다 일찍 학교에 <u>도착</u>했다.

☐ 시작   ☐ 출근   ☐ 출발   ☐ 개막

2 비행기가 공항 활주로에 무사히 <u>착륙</u>했다.

☐ 종착   ☐ 이륙   ☐ 상륙   ☐ 육상

3 밑줄 친 어휘의 알맞은 뜻을 괄호 안에서 골라 ○표를 하세요.

> 새로운 제도가 <u>정착</u>하려면 시간이 필요하다.
> ↳ 새로운 문화 현상, 학설 따위가 (낯선 것 | 당연한 것)으로 사회에 받아들여짐.

4 가로세로 낱말 퍼즐의 어휘 풀이를 참고하여, 빈칸에 알맞은 글자를 고르세요.

	ⓛ 접	
㉠ 선		순
	제	

[가로]
㉠ 먼저 와 닿는 차례.
[세로]
ⓛ 두 물체를 붙이는 데 쓰는 물질.

① 개(改)   ② 선(選)   ③ 착(着)   ④ 견(見)   ⑤ 품(品)

글 쓰며 **표현力**높여요

정답과 해설 106쪽

○ '붙을 착(着)'이 들어가는 어휘를 넣어서 글을 써 보세요.

오늘의 안전 지킴이는 여러분입니다. 다음 중 한 사람을 골라, 그 사람에게 안전한 생활을 위해 지켜야 할 내용을 알려 주세요.

• 보호대를 하지 않고 스케이트를 타는 친구
• 차 안에서 안전띠를 매지 않겠다고 고집부리는 동생
• 감염 예방 수칙을 어기고 마스크를 올바로 쓰지 않는 어른

도움말 도착, 착용, 접착, 착석 등에 '붙을 착(着)'이 들어가요.

예 차 안에서 안전띠를 매지 않겠다고 고집부리는 동생 – 안전띠는 사고가 났을 때 우리를 지키기 위해 착용하는 거야. 곧 할머니 댁에 도착하니까 답답해도 조금만 참자.

따라 쓰며 **한자力**완성해요

着	着			
붙을　착	붙을　착			

오늘의 학습을 평가해 보아요. ☹ 부족함 😐 보통임 ☺ 잘함

04

자리 위(位)

팔을 벌린 채 서 있는 사람을 그린 '효(설 립)'에 '亻(人, 사람 인)'을 더한 글자로, 사람이 서 있는 '위치'나 '자리'를 뜻합니다.

ノ 亻 亻 亻 亿 位 位

영상으로 필순보기

◎ [1~4] 어휘의 뜻을 살펴보고, 알맞은 예문을 찾아 선을 연결하세요.

과학
위 치
자리 位　둘 置

뜻 일정한 곳에 자리를 차지함. 또는 그 자리.

· 　　· 1 소화기의 ☐ 와 사용 방법을 알아 둬요.

'순(順)'자는 순서, 차례라는 뜻으로도 쓰여.

사회
순 위
순할 順　자리 位

뜻 순서를 나타내는 위치나 자리.

· 　　· 2 ℃는 온도를 뜻하는 ☐ 로, 4℃는 '섭씨 4도'로 읽어요.

수학
단 위
홑 單　자리 位

뜻 길이, 무게, 시간 등의 수량을 수치로 나타낼 때 기초가 되는 일정한 기준. 예 미터, 그램, 초 등

· 　　· 3 그는 전투에서 뛰어난 공을 세워 높은 ☐ 에 올랐습니다.

사회
지 위
땅 地　자리 位

뜻 사회적 신분에 따르는 위치나 자리.

· 　　· 4 어떤 물건이 많이 팔리는지 종류별 판매 ☐ 를 알아봅시다.

문제로 어휘 力 높여요

1 밑줄 친 부분과 뜻이 비슷한 어휘에 ✔표를 하세요.

> 햇볕이 잘 드는 <u>위치</u>로 화분을 옮겼다.

① 방향　　　　② 거리　　　　③ 무게　　　　④ 장소　　　　⑤ 시간

2 밑줄 친 어휘의 공통점으로 알맞은 것에 ✔표를 하세요.

> 사탕 한 <u>개</u>　　　종이 한 <u>장</u>　　　구두 한 <u>켤레</u>　　　우유 한 <u>잔</u>

   □ 단위를 나타내는 말　　　　　　　□ 순서를 나타내는 말

3 빈칸에 알맞은 어휘를 보기에서 골라 쓰세요.

> **보기**
> • **지위**(地位): 사회적 신분에 따르는 위치나 자리.
> • **품위**(品位): 사람이 갖추어야 할 위엄이나 기품.

> 그는 은퇴하여 **1** [　　　]에서 내려왔지만 여전히 **2** [　　　]가 있어.

4 '위(位)' 자를 넣어, 빈칸에 알맞은 어휘를 써서 제목을 완성하세요.

우리 반 희망 직업 [　　　]

1위	운동선수(8명)
2위	의사(6명)
3위	교사(4명)

정답과 해설 107쪽

글 쓰며 **표현 力** 높여요

● '자리 위(位)'가 들어가는 어휘를 넣어서 글을 써 보세요.

"저기 좀 봐! 사자 여러 개가 돌아다녀!"

유치원에 다니는 동생이 동물원에서 사자를 보고 한 말이에요. 동생의 말에서 어떤 표현이 잘못되었을까요? 동생의 기분이 상하지 않게, 올바른 표현이 무엇인지 알려 주세요.

도움말 위치, 단위, 품위, 부위 등에 '자리 위(位)'가 들어가요.

예) 우아! 사자 여러 마리가 어슬렁거리니 남다른 품위가 느껴지네. 그런데 동물을 가리킬 때에는 '개'가 아니라 '마리'를 써야 해. '개'는 물건을 셀 때 쓰는 단위거든. 말 나온 김에 누나가 가져온 사탕, 한 개씩 먹어 볼까?

따라 쓰며 **한자 力** 완성해요

位	位			
자리 위	자리 위			

오늘의 학습을 평가해 보아요. ☹ 부족함 😐 보통임 ☺ 잘함

23

05

중요할/구할 요(要)

허리에 손을 올리고 춤을 추는 여자의 모습을 표현한 글자로, 허리가 신체에서 가장 중요한 부위라는 의미가 확대되면서 '중요하다', '구하다'라는 뜻으로 쓰입니다.

영상으로 필순 보기

24

○ [1~4] 어휘의 뜻을 살펴보고, 빈칸에 알맞은 어휘를 찾아 한글로 쓰세요.

도덕

요 청
구할 要   청할 請

뜻 필요한 어떤 일이나 행동을 부탁함.

국어

요 약
중요할 要   간략할 約

뜻 말이나 글의 요점을 잡아서 간추림.

실과

주 요
주인 主   중요할 要

뜻 주되고 중요함.

사회

수 요
구할 需   구할 要

뜻 어떤 대상을 일정 가격으로 사려는 욕구.

---

1   도움이 필요할 때 친구에게 도움을 [   ] 했나요?

2   회의를 할 때 기록자는 중요한 내용을 [   ] 해서 기록합니다.

3   안전하게 자전거를 타기 위해 [   ] 점검 사항을 확인해 봅시다.

4   최근에는 신재생 에너지원을 찾는 [   ] 이/가 대폭 늘어나고 있습니다.

1 밑줄 친 곳에 '주요(主要)'를 쓸 수 <u>없는</u> 문장의 기호를 쓰세요.

> ㉠ 오늘 논의할 _____ 내용은 운동회와 관련 있습니다.
>
> ㉡ 비록 _____ 한 부주의라도 큰 사고를 가져올 수 있습니다.
>
> ㉢ 이 책은 교과서에 나오는 _____ 용어들을 잘 정리해 놓았습니다.

[✐   ]

2 '요(要)' 자를 넣어, 빈칸에 알맞은 어휘를 쓰세요.

> 늘어나는 ⌐ ̄ ̄ ̄ ̄┐ 을/를 감당하기 위해 공장에서 공급을 늘렸습니다.
>   └ _ _ _ _ ┘
>
> ↳ 어떤 대상을 일정 가격으로 사려는 욕구.

3 밑줄 친 부분과 바꾸어 쓸 수 있는 어휘에 ✔표를 하세요.

> <u>요약한</u> 내용을 바탕으로 자신의 생각을 이야기해 보세요.

☐ 간단한   ☐ 간추린   ☐ 간편한

4 다음 대화에서 '요청(要請)'의 뜻이 담긴 문장을 고르세요.

> 영민: 아! ㉠미술 준비물을 깜박했네.
>
> 도영: 에고, ㉡꼼꼼한 네가 준비물을 깜박하고…… 무슨 일 있어?
>
> 영민: ㉢시간표를 잘못 봤나 봐. ㉣우리 미술용품을 같이 쓰면 안 될까?
>
> 도영: 그래. ㉤마침 붓도 여유 있게 챙겼으니 문제없어.

① ㉠   ② ㉡   ③ ㉢   ④ ㉣   ⑤ ㉤

글 쓰며 표현力 높여요

● '중요할/구할 요(要)'가 들어가는 어휘를 넣어서 글을 써 보세요.

친구들과 함께 일주일간 배낭여행을 떠나는 상황입니다. 짐을 줄이기 위해 각자 배낭에 꼭 필요한 물건만 챙기기로 했습니다. 여러분의 가방에는 무엇을 담고 싶은가요? 그리고 그 물건을 선택한 이유는 무엇인가요?

도움말 요청, 요약, 주요, 중요, 필요, 요긴 등에 '중요할/구할 요(要)'가 들어가요.

예 저는 제 배낭에 여분의 옷과 구급약, 비상식량을 담을 생각입니다. 제가 선택한 물건들은 모두 생존에 중요한 것들입니다. 이외에 필요한 물건이 생기면 다른 친구에게 도움을 요청할 생각입니다.

따라 쓰며 한자力 완성해요

要	要				
중요할 요	구할 요				

오늘의 학습을 평가해 보아요. 😞 부족함 😐 보통임 😊 잘함

1~2 다음 글을 읽고, 물음에 답하세요.

> 반려견과 관련하여 주민들의 불만 사항과 요청(要請)이 증가하고 있습니다. 그 중 공동 주택의 환경 개선(改善)을 위해 주요(主要) 내용을 선정(選定)하여 안내하오니, 반려견을 기르시는 세대에서는 적극적인 협조 부탁드립니다.
>
> • 반려견과 승강기에 탑승 시, 반려견을 안고 한쪽 위치(位置)에 서 주세요.
> • 반려견과 외출 시, 견종에 관계없이 반드시 줄을 착용(着用)하여 주세요.
> • 반려견이 공동 사용 공간에 배변 시, 배변물을 즉시 수거하여 주세요.
>
> 20○○년 ○○월 ○○일 비상동 주민 위원회

1 이 글의 제목으로 알맞은 것을 고르세요.

① 반려견 예방 접종 안내
② 반려견 출입 금지 공고
③ 공동 사용 공간 신청 안내
④ 비상동 대규모 환경 정화 안내
⑤ 반려견 가족 세대 주의 사항 안내

2 반려견과 승강기에 탑승 시, 지켜야 할 내용을 한 문장으로 쓰세요.

{ 🖉   }

생활 속 성어 **개 과 천 선**
고칠 改   잘못 過   옮길 遷   착할 善

진나라의 '주처'라는 사람이 방탕하게 살다가 자신의 잘못을 깨닫고 굳은 의지로 노력하여 대학자가 된 이야기에서 유래합니다. 지난날의 잘못을 고쳐 착하게 됨을 뜻하는 말로, 새로운 삶을 살겠다는 의지를 표현할 때도 쓰입니다.

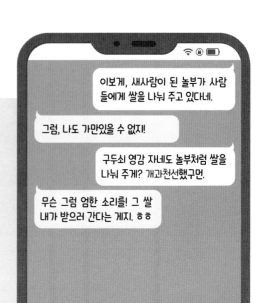

이보게, 새사람이 된 놀부가 사람들에게 쌀을 나눠 주고 있다네.

그럼, 나도 가만있을 수 없지!

구두쇠 영감 자네도 놀부처럼 쌀을 나눠 주게? 개과천선했구먼.

무슨 그럼 엄한 소리를! 그 쌀 내가 받으러 간다는 게지. ㅎㅎ

놀이로 정리해요

정답과 해설 109쪽

● 아래의 뜻풀이에 해당하는 어휘를 찾아 표시해 보세요.

도	시	화	병	만	속	리	산
로	착	필	수	개	편	주	의
목	표	요	량	명	민	단	지
해	바	라	기	개	국	순	위
밀	접	세	차	과	반	사	치
착	선	착	순	천	요	려	안
선	수	륙	제	선	약	국	견

① 목적한 곳에 다다름.

② 조직 등을 고쳐 편성함.

③ 이름을 고침. 또는 그 이름.

④ 순서를 나타내는 위치나 자리.

⑤ 두 물체를 붙이는 데 쓰는 물질.

⑥ 말이나 글의 요점을 잡아서 간추림.

⑦ 운동 경기 등에서 대표로 뽑힌 사람.

29

06

비 우(雨)

하늘에서 빗방울이 떨어지는 모습을 표현한 글자로 '비'를 뜻합니다.

영상으로 필순 보기

一 ㄷ ㄤ 币 雨 雨 雨 雨

◎ **[1~4]** 어휘의 뜻을 살펴보고, 알맞은 예문을 찾아 선을 연결하세요.

국어
폭우
사나울 暴　비 雨

뜻 갑자기 세차게 쏟아지는 비.

　•　　　• **1** 투명 ▢▢▢ 을/를 쓰면 비가 와도 안전해요.

사회
우기
비 雨　기약할 期

뜻 일 년 중 비가 많이 오는 시기.

　•　　　• **2** 우리나라의 연평균 ▢▢▢ 은/는 1,200㎜ 정도입니다.

미술
우산
비 雨　우산 傘

뜻 비가 올 때 펴서 머리 위를 가려 몸이 비를 맞지 않게 하는 기구.

　•　　　• **3** 장마철에 ▢▢▢(으)로 생기는 문제는 댐 건설로 막을 수 있습니다.

비, 눈, 우박 등을 모두 합친 물의 양은 '물 수(水)'를 써서 '강수량'이라고 해.

강우량
내릴 降　비 雨　헤아릴 量

뜻 일정 기간 일정한 곳에 내린 비의 양.

　•　　　• **4** 칠레의 중부 지역은 온대 기후가 나타나는데 여름철은 건기, 겨울철은 ▢▢▢입니다.

1 빈칸에 알맞은 글자를 고르세요.

> '측 ☐ 기'는 조선 시대에 세계 최초로 개발된 '비'의 양을 재는 기구예요. 이 기구의 발명으로 농사를 짓는 데 중요한 비의 양을 정확하게 측정할 수 있게 되었지요.

① 설(雪, 눈 설)　　　② 빙(氷, 얼음 빙)　　　③ 시(時, 때 시)
④ 우(雨, 비 우)　　　⑤ 전(電, 번개 전)

2 밑줄 친 어휘의 알맞은 뜻을 괄호 안에서 골라 ○표를 하세요.

> 내일 중부 지방의 예상 <u>강우량</u>이 0.5mm 정도라고 했어.
>
> ↳ 일정 기간 일정한 곳에 내린 (눈 | 비)의 (양 | 종류).

3 빈칸에 '비 우(雨)'가 들어가는 어휘를 쓰세요.

1 ☐ㅇ ☐ㅅ 은/는 비를 가릴 때 쓰고, 양산은 볕을 가릴 때 쓴다.

[✎ 　　　　　]

2 농민들은 어서 ☐ㅇ ☐ㄱ 이/가 되어 메마른 땅이 물을 한껏 머금기를 바랐다.

[✎ 　　　　　]

4 밑줄 친 부분과 바꾸어 쓸 수 있는 말에 ○표를 하세요.

> <u>갑자기 비가 세차게 쏟아지며</u> 주민들이 물난리를 겪게 되었다.

폭설이 내리며　　　폭우가 내리며　　　황사가 심해지며　　　우박이 떨어지며

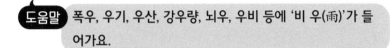 글 쓰며 **표현** 力 높여요

정답과 해설 110쪽

○ '비 우(雨)'가 들어가는 어휘를 넣어서 글을 써 보세요.

우리 반의 단체 대화창에는 매일 아침에 날씨를 알려주는 '날씨 요정'이 있어요. 어라? 그런데 일기 예보를 보니 오늘 비 소식이 있네요. 오늘은 내가 우리 반 '날씨 요정'이 되어서 이 소식을 전달해 볼까요?

도움말 폭우, 우기, 우산, 강우량, 뇌우, 우비 등에 '비 우(雨)'가 들어가요.

예 애들아, 오늘 오후부터 폭우가 쏟아질 예정이니, 이왕이면 큰 우산을 가지고 와. 우기라 흐린 날이 계속되지만, 우리의 마음은 언제나 햇볕이 쨍쨍 내리쬐기를 바라.

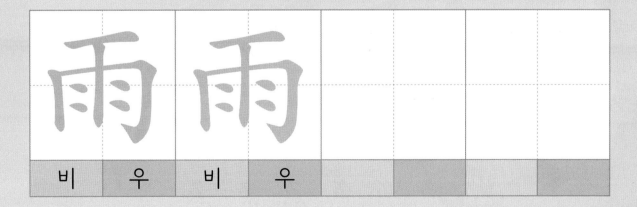 따라 쓰며 **한자** 力 완성해요

雨	雨			
비 우	비 우			

오늘의 학습을 평가해 보아요. 😞 부족함 😐 보통임 😊 잘함

물고기 어(魚)

물고기의 주둥이부터 몸통[田]과 꼬리[灬]까지의 모양을 본뜬 글자로, '물고기'를 뜻합니다.

ノ ク ク 占 召 角 角 魚 魚 魚

영상으로 필순 보기

○ **[1~4]** 어휘의 뜻을 살펴보고, 빈칸에 알맞은 어휘를 찾아 한글로 쓰세요.

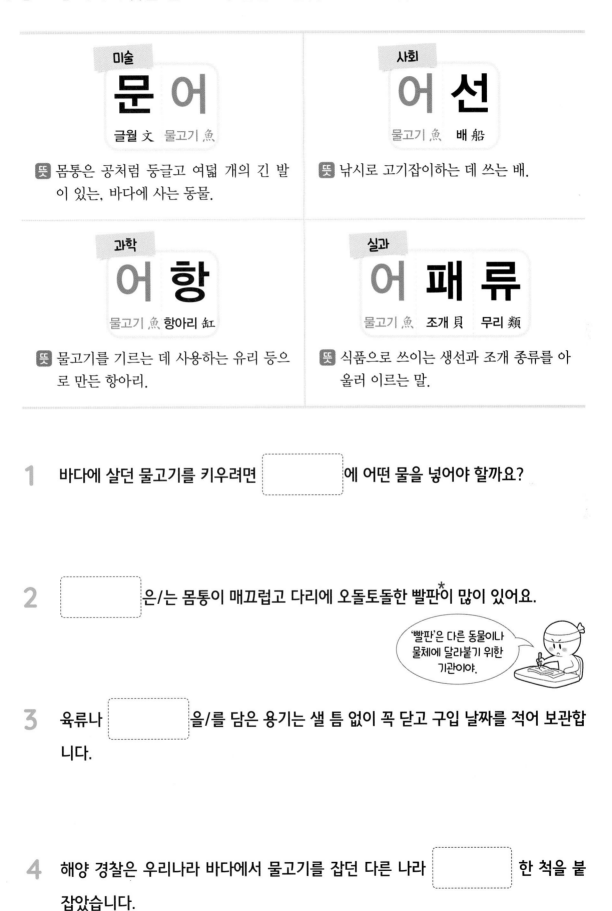

미술

문 어
글월 文 물고기 魚

뜻 몸통은 공처럼 둥글고 여덟 개의 긴 발이 있는, 바다에 사는 동물.

사회

어 선
물고기 魚 배 船

뜻 낚시로 고기잡이하는 데 쓰는 배.

과학

어 항
물고기 魚 항아리 缸

뜻 물고기를 기르는 데 사용하는 유리 등으로 만든 항아리.

실과

어 패 류
물고기 魚 조개 貝 무리 類

뜻 식품으로 쓰이는 생선과 조개 종류를 아울러 이르는 말.

1 바다에 살던 물고기를 키우려면 [   ]에 어떤 물을 넣어야 할까요?

2 [   ]은/는 몸통이 매끄럽고 다리에 오돌토돌한 빨판*이 많이 있어요.

> '빨판'은 다른 동물이나 물체에 달라붙기 위한 기관이야.

3 육류나 [   ]을/를 담은 용기는 샐 틈 없이 꼭 닫고 구입 날짜를 적어 보관합니다.

4 해양 경찰은 우리나라 바다에서 물고기를 잡던 다른 나라 [   ] 한 척을 붙잡았습니다.

1 밑줄 친 곳에 들어갈 어휘의 앞 글자를 고르세요.

> 예문 낚시꾼이 바다 위에 _____을 띄우고
> 물고기를 잡고 있다.
>
> [　　　] ＋ 船 배 선

① 滿 찰 만 　　　　② 乘 탈 승 　　　　③ 魚 물고기 어

④ 造 지을 조 　　　　⑤ 菜 나물 채

2 '어(魚)' 자를 넣어, 빈칸에 공통으로 들어갈 어휘를 쓰세요.

> • [　　　](이)나 오징어는 몸에 뼈가 없어서 흐물흐물하다.
>
> • 사업을 [　　　] 발처럼 확장하더니 결국 경영이 어려워졌다.

[✎ 　　　　　　]

3 다음 목록에서 '어패류(魚貝類)'에 속하는 것을 모두 골라 ✔표를 하세요.

> 〈시장에서 사야 하는 것〉
>
> ☐ 키조개 　　　　☐ 딸기
>
> ☐ 소고기 　　　　☐ 고등어
>
> ☐ 돼지고기 　　　　☐ 닭 가슴살

4 보기에서 밑줄 친 글자가 '물고기 어(魚)'가 아닌 것의 기호를 쓰세요.

> 보기
>
> ㉠ 건어물: 말린 물고기나 조개 따위.
>
> ㉡ 어항: 물고기를 기르는 데 사용하는 유리 등으로 만든 항아리.
>
> ㉢ 인어: 윗몸은 사람과 같고 그 아래는 물고기와 같다는 상상의 바다 동물.
>
> ㉣ 은어: 특수한 집단에서 다른 사람들이 알아듣지 못하도록 자기네끼리만 쓰는 말.

[✎ 　　　　　　]

글 쓰며 **표현 力** 높여요

정답과 해설 111쪽

◎ '물고기 어(魚)'가 들어가는 어휘를 넣어서 글을 써 보세요.

방학을 맞아 집에서 요리 실습을 하려고 해요. 오늘의 요리 주제는 '바다의 품격'입니다. 시장에서 어떤 재료를 살 것인지 적어 보고, 요리의 제목도 지어 보세요.

도움말 문어, 어선, 어항, 어패류, 건어물 등에 '물고기 어(魚)'가 들어가요.

예 오늘 만들 요리는 '무너지지 않는 문어 파스타'입니다. 다양한 어패류와 토마토, 마늘, 올리브유, 양파를 사야 해요. 가장 중요한 문어도 준비해야 합니다.

따라 쓰며 **한자 力** 완성해요

魚	魚			
물고기 어	물고기 어			

오늘의 학습을 평가해 보아요. ☹ 부족함 ☺ 보통임 ☺ 잘함

08 씻을 세(洗)

물[氵(水, 물 수)]로 씻는 모습을 나타낸 글자로, '씻다', '깨끗하게 하다'를 뜻합니다.

영상으로 필순 보기

丶 丶 氵 氵 汇 汫 洗 洗 洗

'씻을 세(洗)'가 들어간 어휘

정답과 해설 112쪽

◎ [1~4] 어휘의 뜻을 살펴보고, 알맞은 예문을 찾아 선을 연결하세요.

국어

세 수

씻을 洗   손 手

뜻 손이나 얼굴을 씻음.

• 1 욕실에 들어가서 [   ]을/를 하고 옷을 입었습니다.

실과

세 척

씻을 洗   씻을 滌

뜻 물건을 깨끗이 씻음.

• 2 키가 작은 어린이도 씻기 좋도록 낮은 [   ]을/를 설치합니다.

사회

세 면 대

씻을 洗   얼굴 面   대 臺

뜻 물로 얼굴과 손을 씻을 수 있는 시설을 갖추어 놓은 대.

• 3 도마는 쓸 때마다 [   ]하고 재료에 따라 구분해서 사용합니다.

사회

세 탁 기

씻을 洗   씻을 濯   틀 機

뜻 빨래하는 기계.

• 4 [   ]이/가 인터넷에 연결되면 그날 날씨에 맞추어 빨래할 수 있습니다.

39

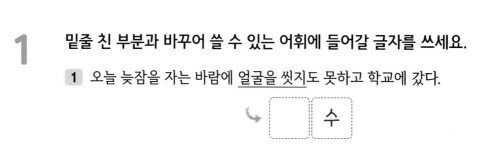

1 밑줄 친 부분과 바꾸어 쓸 수 있는 어휘에 들어갈 글자를 쓰세요.

1 오늘 늦잠을 자는 바람에 얼굴을 씻지도 못하고 학교에 갔다.

↳ ⬚ 수

2 얼굴과 손을 씻는 곳 위에 비누를 놓았으니, 깨끗이 씻고 나오렴.

↳ 세 ⬚ 대

2 '세(洗)' 자를 넣어, 빈칸에 알맞은 어휘를 쓰세요.

> 유진이는 빗길에 달려가다가 넘어져서 바지가 흙투성이가 되었어요. 더러워진 바지의 때를 깨끗하게 빨아 없애려면 어떤 기계가 필요할까요?

→

3 괄호 안에서 알맞은 어휘를 골라 ○표를 하세요.

1 식기세척기에는 전용 (세차 | 세제)를 넣어야 작동이 잘 돼.

2 오늘 하룻밤 자고 올 거니까 (세면대 | 세면도구)를 꼭 챙겨야 해.

4 밑줄 친 '세척(洗滌)'을 잘못 사용한 사람에게 ✔표를 하세요.

> ⬚ 진영: 옷에 끼어 있던 때들이 말끔히 세척되었어.
>
> ⬚ 세준: 한번 세척된 강물은 다시 깨끗해지기가 쉽지 않아.
>
> ⬚ 누리: 냉방기를 오랜만에 사용할 때에는 내부를 세척해야 해.

○ '씻을 세(洗)'가 들어가는 어휘를 넣어서 글을 써 보세요.

내 별명은 '반짝이'예요. 나와 내 주변을 깨끗하게 가꾸는
것을 좋아해서 붙은 별명이지요. 모두 저처럼 '반짝이'가 되어
서 깨끗한 생활을 하기 위한 규칙 세 가지를 정해 볼까요?

도움말 세수, 세척, 세면대, 세탁기, 세제, 세차 등에 '씻을 세(洗)'
가 들어가요.

예 첫째, 아침에 일어나면 바로 세수를 한다. 둘째, 컵이나 그릇을 자주 세척해서 사용한
다. 셋째, 밖에서 입었던 옷은 집에 돌아와 바로 세탁기에 넣는다.

따라 쓰며 **한자 力** 완성해요

洗	洗			
씻을 세	씻을 세			

오늘의 학습을 평가해 보아요. 😞 부족함 😐 보통임 😊 잘함

41

09
말씀 담(談)

'言(말씀 언)'과 '炎(불꽃 염)'을 합한 글자로, 활활 타오르는 불꽃처럼 열정적으로 '계속해서 주고받는 말', '이야기'를 뜻합니다.

42

'말씀 담(談)'이 들어간 어휘

○ [1~4] 어휘의 뜻을 살펴보고, 빈칸에 알맞은 어휘를 찾아 한글로 쓰세요.

사회

덕 담

덕 德   말씀 談

뜻 남이 잘되기를 비는 말.

국어

면 담

얼굴 面   말씀 談

뜻 서로 만나서 이야기함.

도덕

속 담

풍속 俗   말씀 談

뜻 옛날부터 사람들 사이에서 얘기되는, 교훈이 담긴 짧은 말.

사회

회 담

모일 會   말씀 談

뜻 어떤 문제에 관련된 사람들이 모여서 서로 의견을 주고받음.

1 가족이 모여 어른들에게 세배를 드리고, ⬚ 을 주고받았습니다.

2 양국의 대통령은 정상 ⬚ 에서 두 나라의 발전 방안을 의논했습니다.

3 자신의 꿈이 '연예인'으로 바뀌었다고 하는 한 학생을 ⬚ 하였습니다.

4 ⬚ 에는 우리보다 먼저 살았던 사람들의 가르침이나 지혜가 담겨 있습니다.

1 밑줄 친 부분과 바꾸어 쓸 수 있는 어휘에 ○표를 하세요.

> 집안 어른들은 아이들에게 <u>모든 일이 잘되기를 바라는 말</u>을 해 주셨다.

덕담   면담   험담   회담

2 밑줄 친 어휘의 알맞은 뜻을 괄호 안에서 골라 ○표를 하세요.

> 이 <u>회담</u>은 여러 나라의 대표들이 세계 평화를 위해 가진 것이다.
> ↳ (한 집안과 관계된 | 어떤 문제에 관련된) 사람들이 모여서
> 서로 (의견 | 안부)을/를 주고받는 것.

3 보기와 관련 있는 말을 하지 <u>않은</u> 사람에게 ✓표를 하세요.

보기

> 속담(俗談)
>
> 뜻 옛날부터 사람들 사이에서 얘기되는, 교훈이 담긴 짧은 말.

→

☐ 민준: 세 살 적 버릇이 여든까지 간다.

☐ 종하: 가는 말이 고와야 오는 말이 곱다.

☐ 예원: 나는 평소 잠자리에 들면 오늘 감사한 일들을 떠올려 본다.

4 빈칸에 알맞은 어휘를 보기에서 골라 쓰세요.

보기

덕담   면담

석현: 오늘 담임 선생님을 찾아가서 [   ]했어?

나라: 응. 선생님께서 내가 꼭 꿈을 이뤄서 잘되길 빈다고 [   ]해 주셨어.

글 쓰며 **표현**力 높여요

○ '말씀 담(談)'이 들어가는 어휘를 넣어서 글을 써 보세요.

우리 학교 방송부는 매일 아침 라디오 방송을 진행하고 있어요. 이번 주 DJ는 바로 나랍니다! '바르고 고운 말 주고받기'를 주제로 친구들에게 짧은 이야기를 전해 볼까요?

도움말 덕담, 면담, 속담, 악담, 농담, 험담 등에 '말씀 담(談)'이 들어가요.

예 가는 말이 고와야 오는 말이 곱다는 속담이 있죠? 내가 상대에게 악담을 건네면 악담이 돌아오고, 덕담을 건네면 덕담이 돌아올 거예요. 우리 서로에게 고운 말을 건네 보아요.

따라 쓰며 **한자**力 완성해요

談	談			
말씀 담	말씀 담			

오늘의 학습을 평가해 보아요. 😟 부족함 😐 보통임 😊 잘함

번개 전(電)

'雨(비 우)'와 '申(펼 신)'을 합하여 비구름 사이로 번개가 내리치는 모습을 표현한 글자로, '번개'나 '전기'를 뜻합니다.

一　一　一　一　雨　雨　雷　雷　雷　雷　電　電

영상으로 필순 보기

정답과 해설 114쪽

◎ [1~4] 어휘의 뜻을 살펴보고, 알맞은 예문을 찾아 선을 연결하세요.

국어
가 전
집家 번개電

뜻 가정에서 사용하는 세탁기, 냉장고, 텔레비전 등의 전기 기기 제품.

• 1 ☐ 이/가 되면 비상등이 켜진 쪽으로 천천히 이동한다.

체육
정 전
머무를停 번개電

뜻 오던 전기가 끊어짐.

• 2 ☐ 제품은 에너지 효율 이 높은 것을 사용하는 것이 좋다.

사회
전 등
번개電 등잔燈

뜻 전기의 힘으로 밝은 빛을 내는 등.

• 3 에너지를 아끼기 위해서 '지구촌 ☐ 끄기 운동'을 매년 열 고 있다.

사회
발 전 소
필發 번개電 바所

뜻 전기를 일으키는 시설을 갖춘 곳.

• 4 정부는 기업이 제품을 생산하고 옮길 수 있도록 ☐ 와/과 고속 국도 등을 지었다.

1 뜻과 예문을 보고, 빈칸에 알맞은 한자(漢字)를 고르세요.

발 □ 소	뜻 전기를 일으키는 시설을 갖춘 곳.
	예문 정부는 전기 부족 문제를 해결하기 위해 새로운 '발□소'를 지었다.

① 田 밭 전   ② 前 앞 전   ③ 電 번개 전   ④ 戰 싸울 전   ⑤ 傳 전할 전

2 밑줄 친 부분과 바꾸어 쓸 수 있는 어휘에 ○표를 하세요.

> 갑자기 전기가 끊어져 승강기가 멈춰서 계단으로 올라갔다.

감전되어   정전되어   절전되어   충전되어

3 빈칸에 '번개 전(電)'이 들어가는 어휘를 쓰세요.

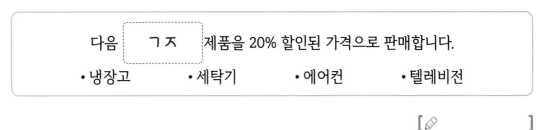

다음 ㄱㅈ 제품을 20% 할인된 가격으로 판매합니다.
• 냉장고   • 세탁기   • 에어컨   • 텔레비전

[✎   ]

4 밑줄 친 곳에 '전등(電燈)'을 쓸 수 <u>없는</u> 문장의 기호를 쓰세요.

㉠ 고장 난 _____을 새것으로 갈아 끼웠다.
㉡ _____이 나가서 방 안이 어두컴컴해졌다.
㉢ 필요하지 않은 _____은 반드시 끄도록 한다.
㉣ 정전이 되는 바람에 우리는 _____의 불빛에 의지해야 했다.

[✎   ]

◎ '번개 전(電)'이 들어가는 어휘를 넣어서 글을 써 보세요.

이게 웬일이죠? 목욕 후에 머리카락을 말리려는 순간, 갑자기 집 안의 불빛이 모두 꺼졌어요. 학교에서 배운 대로 '정전 신고' 전화번호를 누르고, 이 상황을 알려 볼까요?

도움말 가전, 정전, 전등, 발전소, 전원, 충전 등에 '번개 전(電)'이 들어가요.

예 "전등이 나가서 확인해 보니 다른 가전들도 모두 전원이 꺼졌어요. 아무래도 우리 동네가 전부 정전이 된 것 같아요. 주변 발전소에 문제가 있는지 확인해 주세요."

따라 쓰며 **한자 力** 완성해요

電	電		
번개 전	번개 전		

오늘의 학습을 평가해 보아요. 😟 부족함 😐 보통임 😊 잘함

49

06~10 독해로 마무리해요

정답과 해설 115쪽

1~2 다음 글을 읽고, 물음에 답하세요.

안녕하십니까? 날씨 정보입니다. 오늘부터 장마가 시작하여 전국에 비 소식이 있습니다. 특히 오후부터는 폭우(暴雨)가 쏟아질 예정이니 집을 나서기 전에 우산(雨傘)을 꼭 챙겨야겠습니다. 비가 천둥과 번개를 동반할 것이니, 정전(停電)이 발생할 수 있습니다. 갑자기 전등(電燈)이 나가거나 세탁기(洗濯機), 냉장고 등 가전(家電)제품의 전원이 꺼지는 상황에 미리 대비하시기 바랍니다. 바닷가에는 바람이 세차게 불 것이니 어선(魚船)을 항구에 단단히 고정해 두어야 합니다.

올해 장마철 강우량(降雨量)은 작년보다 많을 것으로 보입니다. '가뭄 끝은 있어도 장마 끝은 없다.'라는 속담(俗談)이 있습니다. 가뭄은 농사에 피해를 주고 끝나지만 장마로 홍수가 나면 사람의 목숨까지 위험해질 수 있다는 말입니다. 장마철 사고에 유의해 안전한 하루를 보내시길 바랍니다.

1 이 글의 핵심 내용을 파악하여, 빈칸에 알맞은 말을 쓰세요.

오늘의 ☐☐ 정보와 장마철에 주의할 점

2 이 글에 나타난 정보로 알맞은 것을 고르세요.

① 오늘 오전부터 폭우가 쏟아질 것이다.
② 천둥과 번개로 갑자기 정전이 될 수 있다.
③ 올해 장마철 강우량은 작년보다 적을 것이다.
④ 이번 장마로 사람이 다치는 사고가 많이 발생했다.
⑤ 바닷가에는 바람이 세차게 불 것이니 어선을 풀어 두어야 한다.

생활속 성어 연목구어

인연 緣 나무 木 구할 求 물고기 魚

나무에 올라가서 물고기를 구한다는 뜻으로, 도저히 불가능한 일을 굳이 하려 함을 비유적으로 이를 때 쓰는 말입니다.

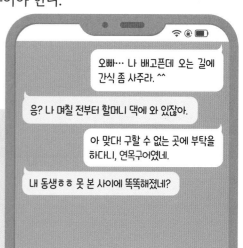

오빠… 나 배고픈데 오는 길에 간식 좀 사주라. ^^

응? 나 며칠 전부터 할머니 댁에 와 있잖아.

아 맞다! 구할 수 없는 곳에 부탁을 하다니, 연목구어였네.

내 동생ㅎㅎ 못 본 사이에 똑똑해졌네?

어휘의 뜻풀이가 맞으면 ○로, 틀리면 ×로 건너가서 개구리 친구에게 줄 선물을 골라 보세요.

출발

우기(雨期)
일 년 중 비가 많이 오는 시기.

어패류(魚貝類)
식품으로 쓰이는 생선과 조개 종류를 아울러 이르는 말.

가전(家電)
전기의 힘으로 밝은 빛을 내는 등.

면담(面談)
서로 만나서 이야기함.

정전(停電)
오던 전기가 끊어짐.

세척(洗滌)
물건을 깨끗이 씻음.

어선(魚船)
낚시로 고기잡이하는 데 쓰는 배.

11 더할 가(加)

농기구를 본뜬 '力(힘 력)'과 입을 본뜬 'ㅁ(입 구)'를 합한 글자입니다. 농사일을 하는 사람에게 더욱 힘내라고 말한다는 데서 '더하다'라는 뜻이 생겼습니다.

ㄱ 力 加 加 加

영상으로 필순 보기

◎ [1~4] 어휘의 뜻을 살펴보고, 빈칸에 알맞은 어휘를 찾아 한글로 쓰세요.

과학	사회
가 열 더할 加 더울 熱	**가 입** 더할 加 들어갈 入
뜻 뜨거운 기운을 더함.	뜻 조직이나 단체에 들어감.
국어	사회
추 가 쫓을 追 더할 加	**증 가** 더할 增 더할 加
뜻 나중에 더 보탬.	뜻 양이나 수치가 늚.

1 물을 ☐☐☐☐ 하면 시간이 지난 뒤 물속에서 기포가 생기며 물이 끓습니다.

2 시민 단체에 ☐☐☐☐ 하여 불법 주차의 심각성을 알리는 활동을 했습니다.

3 정보화 사회가 되면서 개인 정보 유출이 ☐☐☐☐ 하여 문제가 되고 있습니다.

4 글에 표, 지도, 그림 등을 ☐☐☐☐ 하면 내용을 더 효과적으로 전달할 수 있습니다.

1 '가(加)' 자를 넣어, 빈칸에 공통으로 들어갈 어휘를 쓰세요.

> • 액체인 물을 [　　　　] 하면 기체인 수증기가 발생한다.
>
> • 소금물을 [　　　　] 하여 물을 없애면 소금물에서 소금을 분리할 수 있다.

[✎　　　　　　　　　]

2 빈칸에 알맞은 글자를 고르세요.

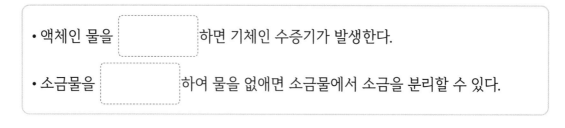

증가
: 양이나 수치가 늚.

↔ 반대의 뜻

[　]소
: 양이나 수치가 줆.

① 급(급할 急)　　　② 쇠(쇠할 衰)　　　③ 소(작을 小)
④ 감(덜 減)　　　⑤ 저(낮을 低)

3 밑줄 친 부분과 바꾸어 쓸 수 있는 말에 ○표를 하세요.

1 주원이는 어제 유소년 야구단에 <u>가입하였다</u>.

↳ (들어갔다 | 입장했다 | 돌입했다)

2 떡볶이와 순대에 오징어 튀김을 하나 더 <u>추가하여</u> 주문했다.

↳ (추려서 | 더하여 | 줄여서)

4 밑줄 친 어휘에 '더할 가(加)'가 쓰이지 않은 문장의 기호를 쓰세요.

> ㉠ 수현이는 어제 있었던 일을 <u>가감</u> 없이 말했다.
>
> ㉡ 딸기 우유에 바나나맛을 <u>첨가</u>하여 신제품을 만들었다.
>
> ㉢ 자기의 책임을 남에게 떠넘기는 친구의 태도가 <u>가증</u>스러웠다.

[✎　　　　　　　　　]

○ '더할 가(加)'가 들어가는 어휘를 넣어서 글을 써 보세요.

여러분은 인터넷에서 의류를 판매하는 사업을 하고 있습니다. 최근 매출이 크게 줄어 고민인데요. 이 난관을 어떻게 헤쳐 나갈지 대책을 적어 보세요.

도움말 가입, 추가, 증가, 참가 등에 '더할 가(加)'가 들어가요.

예 우선 가입자 수가 얼마나 줄었는지 파악해 볼 것이다. 그리고 경쟁 업체의 가입자 수도 파악하여 그 업체의 회원 수 증가 원인이 무엇인지도 알아봐야겠다.

따라 쓰며 **한자 力** 완성해요

加	加			
더할 가	더할 가			

정답과 해설 116쪽

오늘의 학습을 평가해 보아요. 😞 부족함 😐 보통임 😄 잘함

볼 관(觀)

'雚(황새 관)'과 '見(볼 견)'을 합한 글자로, 나무 위에 올라가 있는 황새처럼 넓게 '본다'는 의미에서 '보다'를 뜻합니다.

丨丨丨丨丨丨丨丨丨丨丨丨丨丨丨丨 觀

영상으로 필순 보기

정답과 해설 117쪽

◉ **[1~4]** 어휘의 뜻을 살펴보고, 알맞은 예문을 찾아 선을 연결하세요.

과학

관 찰
볼 觀　살필 察

뜻 무엇을 주의하여 자세히 살펴봄.

• 1 여러 종류의 생물을 ☐ 하고 각 생물의 특징을 이야기해 봅시다.

사회

관 객
볼 觀　손님 客

뜻 운동 경기, 공연, 영화 등을 보거나 듣는 사람.

• 2 전기문에서 인물이 한 일이나 생각을 통해 인물의 ☐ 을 짐작해 봅시다.

국어

가 치 관
값 價　값 値　볼 觀

뜻 옳고 그름, 좋고 나쁨을 판단하는 관점이나 기준.

• 3 6세~13세 시기에는 논리적이고 ☐ 으로 생각하는 능력이 발달합니다.

실과

객 관 적
손님 客　볼 觀　과녁 的

뜻 자기 혼자만의 생각이나 감정에서 벗어나, 있는 그대로 바라보는 것.

• 4 극장의 ☐ 수가 크게 줄었고, 영화 제작사도 경제적 어려움을 겪었습니다.

문제로 어휘力 높여요

1 밑줄 친 어휘와 바꾸어 쓸 수 있는 어휘를 고르세요.

> 판소리 공연에서는 <u>관객</u>들이 '좋지', '얼쑤' 등의 추임새를 넣기도 합니다.

① 가수 　　② 고수 　　③ 고객 　　④ 구경꾼 　　⑤ 소리꾼

2 빈칸에 알맞은 글자를 고르세요.

객관적		☐관적
: 자기 혼자만의 생각이나 감정에서 벗어나, 있는 그대로 바라보는 것.	↔ 반대의 뜻	: 자기만의 생각이나 감정을 바탕으로 바라보는 것.

① 주(주인 主) 　　　② 직(곧을 直) 　　　③ 비(슬플 悲)
④ 방(곁 傍) 　　　⑤ 낙(즐거울 樂)

3 빈칸에 '볼 관(觀)'이 들어가는 어휘를 쓰세요.

> ┌─────┐
> │ ㄱㅊㄱ │ 은/는 사람의 생각과 행동뿐만 아니라, 직업 선택에도 영향을 줍니다.
> └─────┘
> ↳ 옳고 그름, 좋고 나쁨을 판단하는 관점이나 기준.

[✎　　　　　]

4 밑줄 친 부분과 뜻이 비슷한 어휘에 ✓표를 하세요.

> 식물이 자라는 모습을 매일 <u>자세히 살펴보고</u>, 사진도 찍었어요.

☐ 관망 　　☐ 관찰 　　☐ 관람 　　☐ 관광

정답과 해설 117쪽

글 쓰며 **표현 力** 높여요

59

○ '볼 관(觀)'이 들어가는 어휘를 넣어서 글을 써 보세요.

우리 지역에는 어떤 문화유산이 있을까요? 1일 문화 관광 해설사가 되어 내가 사는 지역의 문화유산을 친구들에게 소개해 보세요.

도움말 관찰, 관객, 관광, 관람 등에 '볼 관(觀)'이 들어가요.

예 경주에 관광 오신 여러분 환영합니다. 오늘 여러분께 소개해 드릴 문화유산은 바로 선덕대왕 신종입니다. 통일 신라 시대에 만들어진 이 종은 여운이 남는 종소리 덕분에 '에밀레종'이라고도 불려요. 소중한 문화재이니 눈으로만 관찰해 주세요.

따라 쓰며 **한자 力** 완성해요

觀	觀		
볼	관	볼	관

오늘의 학습을 평가해 보아요. 😞 부족함 😐 보통임 😊 잘함

59

13

견줄 비(比)

두 사람이 나란히 서 있는 모습을 본뜬 글자로, 두 사람을 서로 비교한다는 의미에서 '견주다', '비교하다'를 뜻합니다.

영상으로 필순 보기

一　　ナ　　ナ　　比

'견줄 비(比)'가 들어간 어휘

◉ **[1~4]** 어휘의 뜻을 살펴보고, 빈칸에 알맞은 어휘를 찾아 한글로 쓰세요.

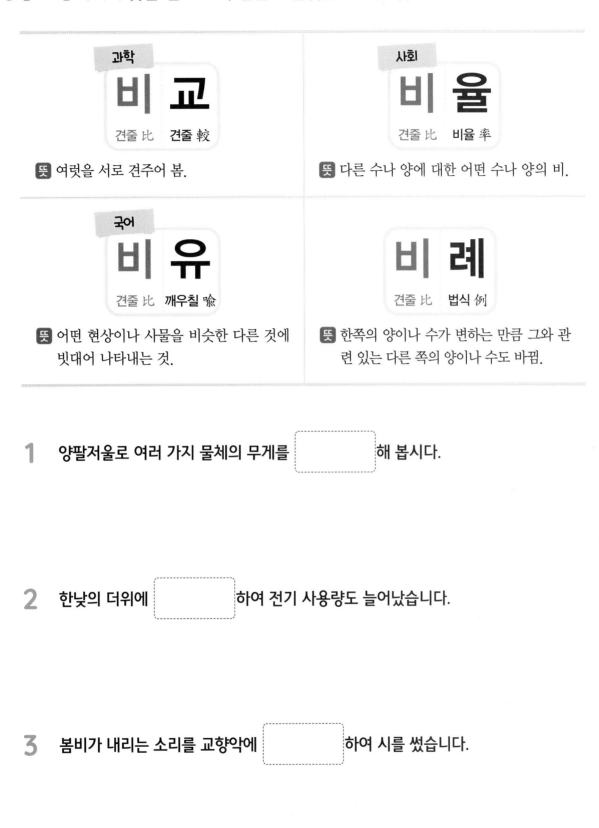

과학

비교
견줄 比　견줄 較

뜻 여럿을 서로 견주어 봄.

사회

비율
견줄 比　비율 率

뜻 다른 수나 양에 대한 어떤 수나 양의 비.

국어

비유
견줄 比　깨우칠 喩

뜻 어떤 현상이나 사물을 비슷한 다른 것에 빗대어 나타내는 것.

비례
견줄 比　법식 例

뜻 한쪽의 양이나 수가 변하는 만큼 그와 관련 있는 다른 쪽의 양이나 수도 바뀜.

1 양팔저울로 여러 가지 물체의 무게를 [　　　] 해 봅시다.

2 한낮의 더위에 [　　　] 하여 전기 사용량도 늘어났습니다.

3 봄비가 내리는 소리를 교향악에 [　　　] 하여 시를 썼습니다.

4 전체 인구에서 노인의 [　　　] 이/가 높은 사회를 고령화 사회라고 합니다.

1 '비(比)' 자를 넣어, 빈칸에 공통으로 들어갈 어휘를 쓰세요.

> • 시험 성적이 반드시 공부한 시간에 ㅂㄹ 하는 것은 아니다.
>
> • 게임 캐릭터의 체력에 ㅂㄹ 하여 공격력도 10% 증가하였다.

[✎   ]

2 밑줄 친 부분과 바꾸어 쓸 수 있는 어휘에 ✔표를 하세요.

> 예로부터 우리나라에서는 용맹한 사람을 호랑이에 <u>빗대어 설명</u>하였어요.

☐ 비중   ☐ 비유   ☐ 비등   ☐ 비상

3 빈칸에 들어갈 어휘를 고르세요.

> 지도에서의 거리와 실제 거리의 ☐☐☐ 을/를 축척이라고 해요. 지도에는 실제 땅의 모습을 줄여서 나타내기 때문에 지도에 나타난 축척을 보고 실제 거리를 알 수 있어요.

① 차이   ② 비율   ③ 모습   ④ 변화   ⑤ 길이

4 밑줄 친 곳에 '비교(比較)'를 쓸 수 <u>없는</u> 문장의 기호를 쓰세요.

> ㉠ 내 생각과 친구의 생각을 _____해 봅시다.
>
> ㉡ 전통 미술과 현대 미술을 _____하여 감상해 봅시다.
>
> ㉢ 빨간색과 흰색 물감을 적절히 _____하면 분홍색이 된다.

[✎   ]

○ '견줄 비(比)'가 들어가는 어휘를 넣어서 글을 써 보세요.

연예인을 꿈꾸는 친구가 다이어트를 하겠다며 급식을 먹지 않아요. 친구가 건강한 식습관을 갖도록 친구에게 도움이 되는 말을 해 주세요.

도움말 비교, 비율, 비유, 비례 등에 '견줄 비(比)'가 들어가요.

예 연예인과 나를 비교해서 날씬해지려고 급식을 먹지 않으면, 건강을 해칠 수 있어. 키가 자라는 데에는 균형 잡힌 식사가 필요해. 건강한 신체와 건강한 마음은 비례하는 것 알지? 그러니까 잘 먹고, 나랑 같이 운동을 하자.

따라 쓰며 **한자** 力 완성해요

比	比		
견줄 비	견줄 비		

오늘의 학습을 평가해 보아요. ☹ 부족함 😐 보통임 😊 잘함

14 세울 건(建)

'廴(길게 걸을 인)'과 '聿(붓 율)'을 합하여, '붓으로 길의 설계도를 그리다', '길닦음 계획을 세우다'라는 의미로 사용되었습니다. 여기에서 '세우다'라는 뜻이 생겼습니다.

영상으로 필순 보기

フ ユ ヨ ヨ ヨ 聿 聿 建 建

○ [1~4] 어휘의 뜻을 살펴보고, 알맞은 예문을 찾아 선을 연결하세요.

사회

건 국

세울 建   나라 國

뜻 나라를 세움.

•   • 1 단군왕검은 아사달로 도읍을 옮겨
고조선을 [　　　　]했어요.

사회

건 의

세울 建   의논할 議

뜻 어떤 문제를 두고 의논할 수 있도록
의견을 내놓음.

•   • 2 홍수를 막으려면 우리 마을에 댐
을 [　　　　]해야 한다고 해요.

수학

건 축

세울 建   쌓을 築

뜻 집이나 성, 다리 등을 목적에 따라
설계하여 세우거나 쌓아 만드는 일.

•   • 3 [　　　　]가들은 건물을 설계
할 때 여러 가지 입체 도형을 활용
해요.

국어

건 설

세울 建   베풀 設

뜻 ① 건물이나 시설 등을 만들어 세움.
② 조직체 등을 새로 만듦.

•   • 4 우리 지역에 불편한 점이 있으면
시청이나 도청에 [　　　　]하여
해결할 수 있어요.

문제로 어휘力 높여요

1 '건(建)' 자를 넣어, 빈칸에 공통으로 들어갈 어휘를 쓰세요.

> • 부하들은 장군에게 전쟁에서 항복할 것을 [ㄱ ㅇ] 하였다.
>
> • 별명으로 친구를 부르지 말자는 [ㄱ ㅇ] 사항이 학급 회의에서 통과되었다.

[✎   ]

2 밑줄 친 어휘와 바꾸어 쓸 수 있는 어휘를 고르세요.

> 하늘에서 내려온 박혁거세가 신라를 <u>세웠다</u>는 신화가 전해진다.

① 건국하였다   ② 개최하였다   ③ 자립하였다

④ 설치하였다   ⑤ 통치하였다

3 밑줄 친 곳에 '건축(建築)'을 쓸 수 <u>없는</u> 문장의 기호를 쓰세요.

> ㉠ 이번 문제를 해결하기 위한 대책을 _____하였습니다.
> ㉡ 우리 지역에 새로운 초등학교를 _____한다고 합니다.
> ㉢ 석굴암은 뛰어난 _____ 기술과 아름다운 내부 조각으로 유명합니다.

[✎   ]

4 빈칸에 들어갈 어휘에 ✔표를 하세요.

> 1960년에는 태백, 정선, 삼척 등에서 석탄 개발이 활발해지자 지하자원을 실어 나르기 위한 산업 철도가 [   ] 되었습니다.

☐ 건실   ☐ 건강   ☐ 건설   ☐ 건조

글 쓰며 **표현** 力 높여요

정답과 해설 119쪽

● '세울 건(建)'이 들어가는 어휘를 넣어서 글을 써 보세요.

동생에게 내가 배운 역사 속 인물에 대해 이야기해 주려고
해요. 기억에 남는 역사 속 인물을 떠올려 보고, 인물이 한 일을
중심으로 동생에게 들려줄 이야기를 써 보세요.

도움말 건국, 건축, 건설, 건물 등에 '세울 건(建)'이 들어가요.

예 실학자인 정약용에 대해 이야기해 줄게. 정조는 정약용에게 수원 화성을 건설하는 일
을 맡겼어. 정약용은 도르래의 원리를 이용해 작은 힘으로도 무거운 물건을 들 수 있
는 거중기를 만들었지. 거중기 덕분에 수원 화성은 다른 건축물을 지을 때보다 시간
과 비용을 줄일 수 있었어.

따라 쓰며 **한자** 力 완성해요

建	建			
세울 건	세울 건			

오늘의 학습을 평가해 보아요. ☹ 부족함 😐 보통임 😊 잘함

15 그칠 지(止)

서 있는 사람의 발 모양을 본뜬 글자로, '그치다', '멈추다'를 뜻합니다.

ㅣ ㅏ ㅏ 止

영상으로 필순 보기

◎ [1~4] 어휘의 뜻을 살펴보고, 빈칸에 알맞은 어휘를 찾아 한글로 쓰세요.

국어

금 지

금할 禁   그칠 止

뜻 법이나 규칙이나 명령으로 어떤 행위를 하지 못하게 함.

과학

방 지

막을 防   그칠 止

뜻 어떤 일이 일어나지 못하게 막음.

사회

폐 지

폐할 廢   그칠 止

뜻 하던 일이나 제도, 법규 등을 그만두게 하거나 없앰.

실과

정 지

머무를 停   그칠 止

뜻 ① 움직이고 있던 것이 멎거나 그침.
② 하고 있던 일을 그만둠.

1 바닥에 소음 ☐ 매트를 깔면 층간 소음을 줄일 수 있다.

2 제동 장치는 주행 중인 수송 수단의 속도를 줄이거나 수송 수단을 ☐ 시키는 장치이다.

3 헌법 재판에서 법이 국민의 인권을 침해한다고 결정이 나면 그 법은 개정되거나 ☐ 된다.

4 이 폭포는 수심이 매우 깊어서 물에 빠질 경우 사고가 발생할 수 있는 장소이므로 수영이나 물놀이를 ☐ 합니다.

1 밑줄 친 부분과 바꾸어 쓸 수 있는 어휘를 고르세요.

> 지나가던 긴 행렬이 갑자기 우리 앞에서 <u>멈추어 섰다</u>.

① 서행하였다　　　② 감속하였다　　　③ 정지하였다

④ 후퇴하였다　　　⑤ 가속하였다

2 밑줄 친 어휘에 '그칠 지(止)'가 쓰인 문장의 기호를 쓰세요.

> ㉠ 조선의 학자 유형원은 노비 제도 <u>폐지</u>를 주장하였다.
> ㉡ 한 백화점이 <u>폐지</u>를 재활용하여 친환경 쇼핑백을 만들었다.
> ㉢ 풍요로운 <u>대지</u>에 깊게 뿌리박은 나무를 보니 가슴이 벅차올랐다.

[✎　　　　]

3 빈칸에 알맞은 어휘를 선으로 연결하세요.

1 객선 운항 [　][　]로 우리는 섬에서 발이 묶였다. ・　　・ ㉠ 방지(防止)

2 위조를 [　][　]하려고 지폐에 특수 잉크를 사용하기도 한다. ・　　・ ㉡ 중지(中止)

4 그림을 참고하여 빈칸에 들어갈 어휘를 쓰세요.

이곳은 '자전거 통행 [　　　] 구역'입니다.

정답과 해설 120쪽

글 쓰며 **표현** 力 높여요

○ '그칠 지(止)'가 들어가는 어휘를 넣어서 글을 써 보세요.

무더위를 피해 물이 있는 곳으로 여행을 가는 친구들이 많아요. 강이나 계곡으로 물놀이를 떠나는 친구가 안전하게 잘 다녀올 수 있게 주의 사항을 이야기해 주세요.

도움말 금지, 방지, 정지 등에 '그칠 지(止)'가 들어가요.

예 강과 계곡은 물살이 빠르고 물의 깊이가 일정하지 않아서 안전사고가 많이 난다고 해. 그러니 다이빙 금지 표지판이 있는 곳에서는 절대 다이빙을 해서는 안 돼. 또 미끄럼 방지 처리가 된 물놀이 신발을 신는 것이 좋을 거야.

따라 쓰며 **한자** 力 완성해요

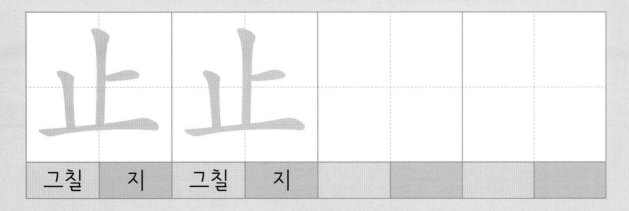

止	止		
그칠 지	그칠 지		

오늘의 학습을 평가해 보아요. ☹ 부족함 ☺ 보통임 ◎ 잘함

71

1~2 다음 글을 읽고, 물음에 답하세요.

온실가스가 대기 중에 너무 많아지면 지구 온난화 현상이 발생합니다. 태양 에너지가 지구 표면을 가열(加熱)한 뒤 온실 효과로 인해 배출되지 못하여 지구의 온도가 점점 올라가는 것이지요. 지구 온난화는 점점 심해지고 있습니다. 우리나라도 평균 기온이 지난 100년간 약 1.7℃가 올랐습니다. 이러한 기후 변화로, 과거와 비교(比較)할 때 연 강수량이 증가(增加)하고, 집중 호우가 내리는 경우도 늘었습니다.

세계는 1988년에 기후 변화에 관한 정부 간 협의체를 세웠고, 2012년에는 195개국이 기후 변화 협약에 가입(加入)하였습니다. 또 지구 온난화를 일으키는 특정 물질의 사용을 금지(禁止)하였습니다.

지구 온난화를 막으려면 에너지를 낭비하지 않는 것이 중요합니다. 내 주변을 관찰(觀察)해 보고 작은 것부터 에너지 (㉠)을 실천해 나갑시다.

1 '지구 온난화'의 원인이 되는 물질을 쓰세요.

{ ☐ ☐ ☐ ☐ }

2 ㉠에 들어갈 말로 알맞은 것을 고르세요.

① 탐색　　② 절약　　③ 근검　　④ 발전　　⑤ 수집

설 상 가 상
눈雪　위上　더할加　서리霜

눈 위에 서리가 덮인다는 의미로, 좋지 않은 일이 잇따라 일어남을 뜻합니다. 원래는 눈이 내린 곳에 서리가 더해져도 별 차이가 없다는 데서 쓸데없는 참견이라는 의미로 쓰였으나 세월이 흐르면서 뜻이 점차 바뀌어 현재의 뜻이 되었습니다.

아까 눈길에서 미끄러졌지 뭐야.

헉! 안 다쳤어?

어, 다치진 않았는데. 넘어지는 모습을 주원이가 봤어. ㅜㅜ

네가 좋아하는 아이?
설상가상이구나.;;;

놀이로 정리해요

○ 뜻풀이에 해당하는 어휘 칸을 색칠하여, 원주민 마을에 들어갈 수 있는 암호를 맞혀 보세요.

암호

ㅓ ㄹ

단어 뜻풀이

① 나라를 세움.
② 뜨거운 기운을 더함.
③ 여럿을 서로 견주어 봄.
④ 조직이나 단체에 들어감.
⑤ 무엇을 주의하여 자세히 살펴봄.
⑥ 어떤 일이 일어나지 못하게 막음.
⑦ 운동 경기, 공연, 영화 등을 보거나 듣는 사람.
⑧ 어떤 문제를 두고 의논할 수 있도록 의견을 내놓음.
⑨ 법이나 규칙이나 명령으로 어떤 행위를 하지 못하게 함.
⑩ 어떤 현상이나 사물을 비슷한 다른 것에 빗대어 나타내는 것.

가전(家電)	추가(追加)	관찰(觀察)	증가(增加)	우기(雨期)
관객(觀客)	금지(禁止)	건국(建國)	비교(比較)	가입(加入)
가치관(價値觀)	객관적(客觀的)	가열(加熱)	비례(比例)	정지(停止)
건축(建築)	비유(比喩)	비율(比率)	방지(防止)	속담(俗談)
건설(建設)	개량(改良)	건의(建議)	수요(需要)	폐지(廢止)

찾았다! 암호는 바로!

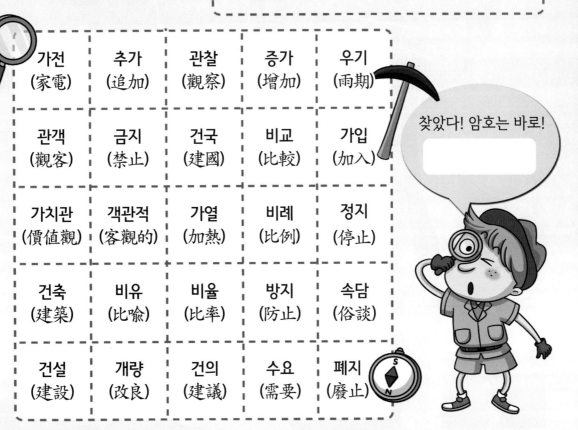

73

16

능할 능(能)

곰의 모습에서 비롯된 글자로, 곰의 재능이 다양하다고 여긴 데서 '뛰어나다', '할 수 있다', '능하다'라는 뜻을 갖게 되었습니다.

영상으로 필순 보기

ㄴ　ㄥ　ㅕ　ㅑ　육　육　육　능　능　능

74

'능할 능(能)'이 들어간 어휘

◎ **[1~4]** 어휘의 뜻을 살펴보고, 알맞은 예문을 찾아 선을 연결하세요.

국어
기능
틀 機   능할 能

뜻 어떤 조직이나 기관의 특수한 작용.

• 1 갯벌 흙은 물을 많이 흡수해 저장했다가 내보내는 [   ]을 합니다.

국어
능력
능할 能   힘 力

뜻 일을 감당해 낼 수 있는 힘.

• 2 알맞은 옷차림은 활동을 편리하게 하고 일의 [   ]을 오르게 합니다.

실과
능률
능할 能   비율 率

뜻 일정한 시간에 할 수 있는 일의 비율.

• 3 회전판에서 노란색이 가장 좁기 때문에 화살이 노란색에서 멈출 [   ]은 가장 낮습니다.

수학
가능성
옳을 可   능할 能   성품 性

뜻 앞으로 실현될 수 있는 성질이나 정도.

• 4 직업은 생활 수단이기도 하지만, 자신의 [   ]을 발휘하고 꿈을 실현할 수 있는 기회이기도 합니다.

1 밑줄 친 '능(能)' 자의 의미와 거리가 <u>먼</u> 것에 ✔표를 하세요.

> 유<u>능</u>한 기술자　　　과학적 재<u>능</u>　　　<u>능</u>숙한 솜씨

☐ 능하다　　　☐ 올바르다　　　☐ 뛰어나다　　　☐ 할 수 있다

2 빈칸에 공통으로 들어갈 어휘를 쓰세요.

> • 오늘 밤엔 눈이 내릴 ⌈ ㄱ ㄴ ㅅ ⌋ 이/가 높습니다.
>
> • 나는 열심히 공부했기 때문에 이번 시험에서 좋은 점수를 받을 ⌈ ㄱ ㄴ ㅅ ⌋ 이/가 높다고 생각합니다.

[✎　　　　　]

3 괄호 안에서 알맞은 어휘를 골라 ◯표를 하세요.

1 깊은 잠은 학습 (능률 | 만능)을 높여 줍니다.

2 감독은 선수 개개인의 (압력 | 능력 | 효능)을 충분히 파악하고 있었습니다.

4 다음 표의 제목으로 빈칸에 알맞은 어휘를 쓰세요.

드라이어	젖은 머리를 말린다.
세탁기	옷을 깨끗하게 빨래한다.
냉장고	음식이 상하지 않게 보관한다.

→ 가전제품의 ☐☐

뜻 가전제품의 특수한 작용.

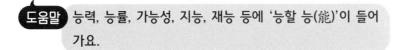

글 쓰며 **표현 力** 높여요

정답과 해설 122쪽

● '능할 능(能)'이 들어가는 어휘를 넣어서 글을 써 보세요.

평소에 나는 밝고 씩씩하지만, 가끔은 힘들거나 지치는 날도 있어요. 이럴 때는 다른 누구보다도 내가 나 자신에게 스스로 용기를 불어넣어 주면 어떨까요? 나를 응원하는 말을 써 보세요.

도움말 능력, 능률, 가능성, 지능, 재능 등에 '능할 능(能)'이 들어가요.

예 꿈을 이루는 데에 있어서 지능이나 재능보다 중요한 건 자신의 가능성을 믿고 끊임없이 도전하는 태도야. 자신감을 잃지 말자. 나는 할 수 있다!

따라 쓰며 **한자 力** 완성해요

能	能		
능할 능	능할 능		

오늘의 학습을 평가해 보아요. 😟 부족함 😐 보통임 😊 잘함

17 본받을 효(效)

'爻(사귈 교)'와 '攵(칠 복)'이 합하여 어떤 대상을 가르치려고 회초리를 들고 있는 모습의
글자로, '본받다', '배우다'를 뜻합니다.

영상으로 필순 보기

丶 亠 亠 六 亥 交 交 交 效 效

◎ **[1~4]** 어휘의 뜻을 살펴보고, 빈칸에 알맞은 어휘를 찾아 한글로 쓰세요.

사회

효 과

본받을 效 열매 果

뜻 어떤 일을 하여서 생기는 좋은 결과.

과학

효 율

본받을 效 비율 率

뜻 ① 들인 노력과 얻은 결과의 비율. ② 기계의 일한 양과 공급되는 에너지와의 비율.

즉 효

곧 卽 본받을 效

뜻 곧바로 나타나는 좋은 반응.

체육

무 효

없을 無 본받을 效

뜻 아무런 효력이 없음.

---

1 공이 경기장 옆으로 벗어나면 [   ]이/가 됩니다.

2 에너지 [   ] 표시가 붙어 있는 전기 기구를 조사해 봅시다.

3 자주 떼를 쓰는 어린아이에게는 체벌보다 칭찬이 [   ]입니다.

4 해결 방안을 실천한 뒤에는 그것이 지역 문제를 해결하는 데 [   ]이/가 있었는지 시간을 두고 평가합니다.

1 빈칸에 공통으로 들어갈 글자를 고르세요.

> 매일 달리기를 하면 건강에 [　] 과 가 있습니다. 이때 정확한 자세로 해야
>
> 운동 [　] 과 가 극대화됩니다.

① 통(통할 通)   ② 학(배울 學)   ③ 경(지날 經)

④ 교(가르칠 教)   ⑤ 효(본받을 效)

2 밑줄 친 어휘의 알맞은 뜻에 ✓표를 하세요.

> 감기에는 이 약이 <u>즉효</u>입니다. 먹자마자 콧물이 멎었어요.

[　] 일이 일어나는 바로 그 자리.   [　] 곧바로 나타나는 좋은 반응.

3 밑줄 친 부분과 바꾸어 쓸 수 있는 어휘를 괄호 안에서 골라 ○표를 하세요.

1 쉬는 시간 없이 일하면 오히려 일의 <u>효율</u>이 떨어집니다.

         ↳ (능률이 | 결과가 | 난이도가)

2 상담의 <u>효과</u>는 금방 나타났습니다. 친구 관계가 좋아지고 있었으니까요.

         ↳ (일과는 | 효험은 | 증세는)

4 다음 규칙에 따라 '무효(無效)' 처리되는 표를 고르세요.

> 학급 회장 후보 이름: 김세원, 나수영
>
> 위 후보 중 한 명의 이름만 적으세요. 규칙을 지키지 않은 표는 무효 처리됩니다.

㉠ 김세원   ㉡ 나수영   ㉢ 김세원, 나수영

글 쓰며 **표현 力** 높여요

정답과 해설 123쪽

○ '본받을 효(效)'가 들어가는 어휘를 넣어서 글을 써 보세요.

감기에 걸려 아파하는 동생 대신, 내가 약국에 가서 약을 사왔어요. 약사 선생님께서는 약을 복용할 때의 주의 사항을 알려주셨죠. 집에서 기다리고 있던 동생에게 주의 사항을 전달해 주세요.

도움말 효과, 즉효, 무효, 효력 등에 '본받을 효(效)'가 들어가요.

예 약의 효력은 먹고 나서 1시간이 지나면 나타날 거라고 하셨어. 약을 꾸준히 먹지 않으면 무효라고 하니까 효과가 있으려면 잊지 말고 챙겨 먹어!

따라 쓰며 **한자 力** 완성해요

效	效			
본받을 효	본받을 효			

오늘의 학습을 평가해 보아요. 😞 부족함 😐 보통임 😊 잘함

18

반드시 필(必)

물을 퍼 담는 바가지 주위로 물이 튀는 모습을 그린 글자로, '반드시', '틀림없이'를 뜻합니다.

영상으로 필순 보기

`丶 丿 必 必 必`

'반드시 필(必)'이 들어간 어휘

◎ [1~4] 어휘의 뜻을 살펴보고, 알맞은 예문을 찾아 선을 연결하세요.

사회

필요

반드시 必   구할 要

뜻 꼭 있어야 하거나 갖추어야 함.

•

• **1** 나이에 따라 반드시 읽어야 할
[   ]이/가 있습니다.

음악

필승

반드시 必   이길 勝

뜻 반드시 이김.

•

• **2** 도움이 [   ]한 곳에 물건
등을 지원하고 찾아가서 봉사하는
활동을 합니다.

필독서

반드시 必   읽을 讀   글 書

뜻 반드시 읽어야 할 책.

•

• **3** 우리는 이번 운동회의 응원가로
'오! [   ] 코리아'라는 음
악을 준비했습니다.

국어

생필품

날 生   반드시 必   물건 品

뜻 일상생활에 반드시 있어야 할 물품.

•

• **4** 현대인들의 [   ]인 냉장
고는 냉기나 얼음을 인공적으로
만드는 기계 장치입니다.

문제로 어휘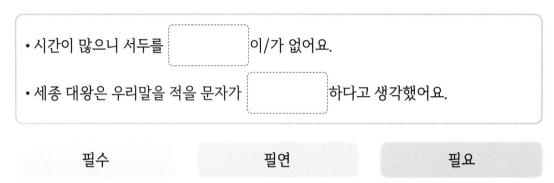력 높여요

1 빈칸에 공통으로 들어갈 어휘에 ○표를 하세요.

• 시간이 많으니 서두를 [　　　] 이/가 없어요.

• 세종 대왕은 우리말을 적을 문자가 [　　　] 하다고 생각했어요.

필수	필연	필요

2 밑줄 친 글자가 다음 한자로 쓰인 것에 ✔표를 하세요.

必
반드시 **필**

☐ 필승: 반드시 이김.

☐ 배필: 부부가 될 짝.

☐ 필순: 글씨를 쓸 때의 획의 순서.

3 보기 를 참고하여, '생필품'으로 보기 어려운 것을 고르세요.

보기

생필품(生必品)

뜻 일상생활에 반드시 있어야 할 물품.

예문 어머니와 함께 시장에서 생필품을 구입했습니다.

① 비누　　　② 수건　　　③ 칫솔　　　④ 휴지　　　⑤ 인형

4 밑줄 친 말과 바꾸어 쓸 수 있는 어휘를 쓰세요.

새 학기가 되면 학교에서 우리가 <u>반드시 읽어야 할 책</u> 목록을 나누어준다.

↳ [ㅍ][ㄷ][ㅅ]

[✎ 　　　　　]

글 쓰며 **표현 力** 높여요

정답과 해설 124쪽

● '반드시 필(必)'이 들어가는 어휘를 넣어서 글을 써 보세요.

내일은 제주도로 가족 여행을 떠나는 날이에요! 이제부터 짐을 싸려고 해요. 어떻게 물건을 챙겨야 할지, 또는 여행을 갈 때 꼭 챙겨야 할 물건에는 어떤 것이 있는지 말해 보세요.

도움말 필요, 필독서, 생필품, 필수, 필요성 등에 '반드시 필(必)'이 들어가요.

예 여행 관련 필독서를 읽은 적이 있는데, 그 책에는 여행을 떠날 때 꼭 챙겨야 할 생필품 목록이 정리되어 있었어요. 그리고 갑자기 아플 때 필요한 비상약의 종류도 써 있었으니 그 책을 다시 보면서 짐을 챙겨야겠어요.

따라 쓰며 **한자 力** 완성해요

| 반드시 | 필 | 반드시 | 필 | | |

오늘의 학습을 평가해 보아요. 😟 부족함 😐 보통임 😊 잘함

19 허락할 허(許)

절굿공이[午]를 내려치며 내는 소리[言]를 가리키기 위해 만들어진 글자입니다. 지금은 신에게 빌어 받아들여진다는 의미로 '허락하다'의 뜻으로 쓰입니다.

영상으로 필순 보기

言 言 言 言 言 言 許 許 許

○ [1~4] 어휘의 뜻을 살펴보고, 빈칸에 알맞은 어휘를 찾아 한글로 쓰세요.

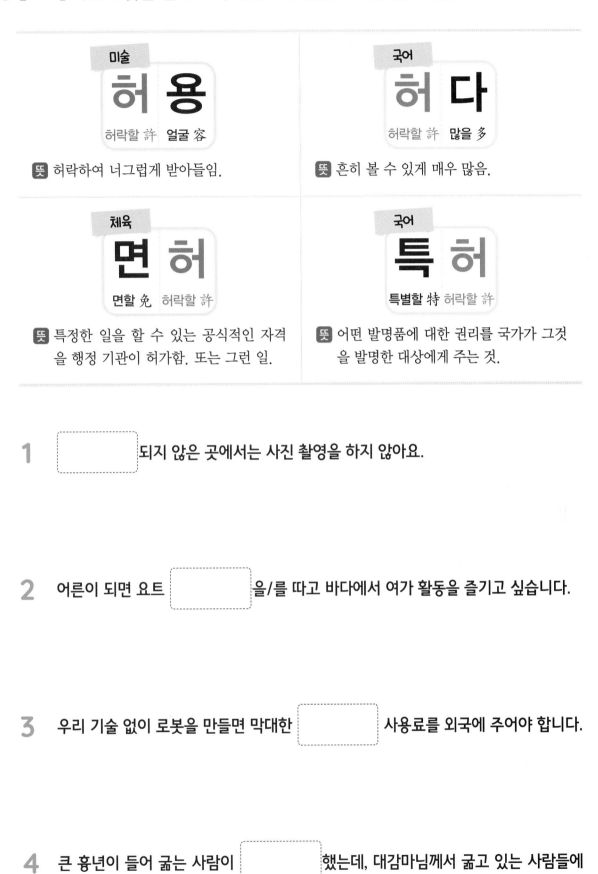

미술
허 용
허락할 許 얼굴 容

뜻 허락하여 너그럽게 받아들임.

국어
허 다
허락할 許 많을 多

뜻 흔히 볼 수 있게 매우 많음.

체육
면 허
면할 免 허락할 許

뜻 특정한 일을 할 수 있는 공식적인 자격을 행정 기관이 허가함. 또는 그런 일.

국어
특 허
특별할 特 허락할 許

뜻 어떤 발명품에 대한 권리를 국가가 그것을 발명한 대상에게 주는 것.

1 ☐ 되지 않은 곳에서는 사진 촬영을 하지 않아요.

2 어른이 되면 요트 ☐ 을/를 따고 바다에서 여가 활동을 즐기고 싶습니다.

3 우리 기술 없이 로봇을 만들면 막대한 ☐ 사용료를 외국에 주어야 합니다.

4 큰 흉년이 들어 굶는 사람이 ☐ 했는데, 대감마님께서 굶고 있는 사람들에게 죽을 끓여 먹이라고 했습죠.

1 빈칸에 들어갈 글자를 고르세요.

> 그는 10년을 매달려 완성한 발명품으로 특[ ]을/를 따냈다.

① 가(값 價) ② 별(나눌 別) ③ 수(다를 殊)
④ 성(성품 性) ⑤ 허(허락할 許)

2 밑줄 친 어휘의 알맞은 뜻에 ○표를 하세요.

면허(免許) {
뜻 특정한 일을 할 수 있는 (공식적인 | 개인적인) 자격을
행정 기관이 (허가 | 금지)함. 또는 그런 일.
예문 삼촌은 면허를 딴 지 얼마 되지 않아 운전에 서투르다.
}

3 밑줄 친 부분과 바꾸어 쓸 수 없는 어휘에 ✔표를 하세요.

> 새로 만든 정책은 허다한 문제를 안고 있습니다.

[ ] 많은   [ ] 무수한   [ ] 약간의   [ ] 여러 가지

4 빈칸에 '허용(許容)'이 들어갈 수 없는 문장의 기호를 쓰세요.

㉠ 여기는 방송국의 촬영이 [ ]된 구역입니다.

㉡ 소설 속 이야기가 흥미진진하게 [ ]되고 있습니다.

㉢ 코로나19 확진자도 약국 방문 등을 목적으로 하는 외출은 [ ]됩니다.

[✎   ]

글 쓰며 **표현力** 높여요

정답과 해설 125쪽

○ '허락할 허(許)'가 들어가는 어휘를 넣어서 글을 써 보세요.

　　학급 회의에서 학교 체육관을 빌려 바자회를 진행하자는 의견이 나왔어요. 우리 반을 대표하여 내가 체육 선생님께 허락을 구하기로 했어요. 정중하고 공손한 말로, 선생님께 체육관 사용 승낙을 받아 볼까요?

도움말 허용, 허다, 허락, 허가 등에 '허락할 허(許)'가 들어가요.

예 선생님, 안녕하세요! 저희 반이 학교에서 바자회를 진행하려고 하는데 체육관 사용을 허가해 주실 수 있을까요? 허락해 주신다면 깨끗하게 사용하고 청소까지 모두 해 두겠습니다!

따라 쓰며 **한자力** 완성해요

許	許			
허락할　허	허락할　허			

오늘의 학습을 평가해 보아요. ☹ 부족함 ☺ 보통임 ☺ 잘함

20

완전할 완(完)

담으로 둘레를 쳐서 내부가 든든히 지켜지는 모양의 글자로, '완전하다', '일을 완결 짓다'
를 뜻합니다.

　丶　宀　宀　宀　宀　完

◎ [1~4] 어휘의 뜻을 살펴보고, 알맞은 예문을 찾아 선을 연결하세요.

미술

완 벽

완전할 完 구슬 璧

뜻 흠이 없는 구슬이라는 뜻으로, 결함이 없이 완전함을 이르는 말.

•

• 1 다음 주 금요일에 열릴 마라톤 대회에서 모두 ⬚ 할 수 있도록 합시다.

국어

완 주

완전할 完 달릴 走

뜻 목표한 지점까지 다 달림.

•

• 2 고려 시대 장인들은 자신이 만든 도자기가 ⬚ 할 때까지 다시 만들었습니다.

사회

완 공

완전할 完 장인 工

뜻 공사를 완성함.

•

• 3 자신이 가진 강점은 살리고 약점을 ⬚ 하려면 어떤 노력을 기울여야 할지 생각해 봅시다.

도덕

보 완

도울 補 완전할 完

뜻 모자라거나 부족한 것을 보충하여 완전하게 함.

•

• 4 우리나라는 1970년에 경부 고속 국도가 ⬚ 되면서 전 국토가 1일 생활권으로 연결되었습니다.

1 빈칸에 공통으로 들어갈 어휘를 고르세요.

> • 부상에도 불구하고 그는 [   ]한 묘기를 보여 줬다.
>
> • 이번 대회는 시작부터 끝까지 문제없이 [   ]하게 치러졌다.

① 완급   ② 완납   ③ 완벽   ④ 완승   ⑤ 완성

2 밑줄 친 글자가 다음 한자로 쓰이지 <u>않은</u> 것에 ✓표를 하세요.

完

완전할 **완**

☐ <u>완</u>공: 공사를 완성함.

☐ <u>완</u>강: 기질이 꿋꿋하고 곧으며 고집이 셈.

☐ <u>완</u>수: 뜻한 바를 완전히 이루거나 다 해냄.

3 밑줄 친 부분과 바꾸어 쓸 수 있는 어휘에 ○표를 하세요.

> 이 일은 좀 더 자료를 <u>보완해서</u> 다시 의논하기로 했다.

간추려서   보충해서   삭제해서   바꾸어서

4 빈칸에 알맞은 어휘를 보기에서 골라 쓰세요.

> **보기**
>
> 완료(완전할 完, 마칠 了)   완주(완전할 完, 달릴 走)

세림: 이번 마라톤 대회도 포기하지 않고 **1** [   ] 할 자신 있어?

태양: 당연히 끝까지 달릴 거야. 신발도 새로 샀고, 체력도 많이 길러 두었다고.

세림: 모든 준비를 **2** [   ] 했구나. 대단해!

정답과 해설 126쪽

글 쓰며 표현 力 높여요

⊙ '완전할 완(完)'이 들어가는 어휘를 넣어서 글을 써 보세요.

우리 학교 앞에 어린이 도서관을 짓고 있어요. 얼마 후면 문을 여는데, 아직까지 이 사실을 모르고 있는 친구들이 많아요. 내가 홍보 위원이 되어 어린이 도서관을 소개해 볼까요?

도움말 완벽, 완공, 보완, 완료 등에 '완전할 완(完)'이 들어가요.

예 학교 앞에 짓고 있는 건물이 곧 완공된대. 그 건물은 바로 어린이 도서관이야. 어린이를 위한 책이 부족한 다른 도서관의 문제점을 보완해서 다양한 어린이 도서를 채워 넣었다고 하니, 우리에겐 완벽한 도서관이 될 거야.

따라 쓰며 한자 力 완성해요

完	完			
완전할 완	완전할 완			

오늘의 학습을 평가해 보아요. 😞 부족함 😐 보통임 😊 잘함

1~2 다음 글을 읽고, 물음에 답하세요.

　토끼와 거북이가 경주를 벌이는 이야기를 떠올려 보세요. 토끼는 자신의 달리기 실력을 믿고 늦장을 부렸고, 거북이는 느리지만 쉬지 않고 달려 토끼보다 빨리 완주(完走)하였습니다. 우리는 때때로 완벽(完璧)해 보이는 사람, 또는 뛰어난 능력(能力)을 갖고 있는 사람과 자신을 비교하며 좌절합니다. 보완(補完)해야 할 자신의 약점에만 사로잡혀 있는 것이죠. 그러나 무엇이든 이룰 수 있는 가능성(可能性)은 누구나 갖고 있고, 이를 꽃피우려면 꾸준함과 성실함이 필요합니다. 노력하지 않는다면 뛰어난 능력도 무효(無效)합니다.

　여러분은 토끼인가요? 거북이인가요? 이야기 속 거북이처럼, 꾸준히 목표를 향해 걸어 보세요. 꾸준함도 내가 가진 능력임을 깨닫게 될 것입니다.

1 이 글의 전개 과정을 보고, 빈칸에 알맞은 말을 쓰세요.

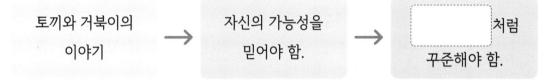

토끼와 거북이의
이야기
→
자신의 가능성을
믿어야 함.
→
[　　　　]처럼
꾸준해야 함.

2 글쓴이의 생각과 거리가 먼 것을 고르세요.

① 꾸준함도 능력이다.　　② 약점은 잘 감추어야 한다.

③ 가능성은 누구에게나 있다.　　④ 남과 비교하지 않아야 한다.

⑤ 뛰어난 능력이 있어도 노력해야 한다.

생활 속 성어

거 자 필 반

갈 去　사람 者　반드시 必　돌이킬 返

　불교 경전에는 '만난 사람은 헤어짐이 정해져 있고, 가 버린 사람은 반드시 돌아온다.'라는 구절이 있습니다. 이처럼 떠난 자가 되돌아오듯이 헤어짐에는 다시 만남이 있으니, 이별을 너무 아쉬워하거나 슬퍼하지 말자는 의미로 쓰입니다.

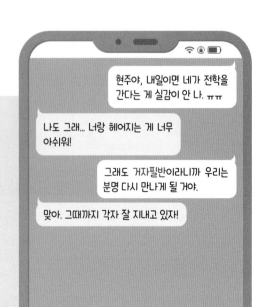

현주야, 내일이면 네가 전학을 간다는 게 실감이 안 나. ㅠㅠ

나도 그래... 너랑 헤어지는 게 너무 아쉬워!

그래도 거자필반이라니까 우리는 분명 다시 만나게 될 거야.

맞아. 그때까지 각자 잘 지내고 있자!

◉ 도토리에 적힌 한자가 쓰인 어휘를 골라 미로를 탈출해 보세요.

급수 시험 맛보기

1 한자의 뜻과 음으로 알맞은 것을 고르세요.

1 着 　 ① 가릴 선 　 ② 붙을 착 　 ③ 청할 청 　 ④ 이을 접

2 能 　 ① 세울 건 　 ② 옳을 가 　 ③ 자리 위 　 ④ 능할 능

2 뜻과 음에 알맞은 한자를 고르세요.

1 번개 전 　 ① 傘 　 ② 電 　 ③ 雪 　 ④ 雲

2 그칠 지 　 ① 止 　 ② 地 　 ③ 之 　 ④ 比

3 어휘를 알맞게 읽은 것을 고르세요.

1 改名 　 ① 개선 　 ② 개명 　 ③ 서명 　 ④ 익명

2 單位 　 ① 위치 　 ② 단독 　 ③ 단위 　 ④ 순위

4 어휘의 뜻으로 알맞은 것을 고르세요.

1 魚貝類
① 생선과 고기 종류 　　　　　 ② 우유와 유제품
③ 생선과 조개 종류 　　　　　 ④ 채소와 과일 종류

2 德談
① 서로 만나서 이야기함.
② 남이 잘되기를 비는 말.
③ 남의 흠을 들추어 헐뜯는 말.
④ 실없이 놀리거나 장난으로 하는 말.

5 밑줄 친 어휘를 알맞게 읽은 것을 고르세요.

1 우리는 양파가 자라는 과정을 정밀하게 <u>觀察</u>하였다.

① 구경　　　　② 진찰　　　　③ 관람　　　　④ 관찰

2 마라톤 경기에 참가하는 사람들은 대부분 기록보다는 <u>完走</u>가 목표이다.

① 경주　　　　② 질주　　　　③ 완주　　　　④ 완수

6 밑줄 친 어휘를 한자로 알맞게 쓴 것을 고르세요.

> <u>폭우</u>로 정전되는 바람에 마을 전체가 어두컴컴하였다.

① 暴雨　　　　② 暴炎　　　　③ 降雨　　　　④ 雨期

7 다음 한자와 뜻이 비슷한 한자를 고르세요.

1 加　　　① 追　　　② 建　　　③ 家　　　④ 增

2 洗　　　① 滌　　　② 面　　　③ 手　　　④ 選

8 '有效'와 뜻이 반대인 어휘를 고르세요.

① 卽效　　　　② 無效　　　　③ 無知　　　　④ 有無

9 빈칸에 공통으로 들어갈 한자를 고르세요.

> 必 [　]　　　　[　] 約　　　　主 [　]

① 要　　　　② 許　　　　③ 需　　　　④ 求

정답과 해설

완자

ⓦ 완자

공부력 가이드

완자 공부력 시리즈는
앞으로도 계속 출간될 예정입니다.

국어
맞춤법
바로 쓰기
1~2학년용
4책

쓰기력

전과목
어휘
1~6학년용
12책

전과목
한자
어휘
1~6학년용
12책

영어
파닉스
1~2학년용
2책

영어
영단어
3~6학년용
8책

어휘력

국어
독해
1~6학년용
12책

한국사
독해
인물편
3~6학년용
4책

한국사
독해
시대편
3~6학년용
4책

독해력

수학
계산
1~6학년용
12책

계산력

완자 공부력 시리즈로 공부 근육을 키워요!

매일 성장하는
초등 자기개발서
ⓦ 완자
공부력

학습의 기초가 되는 읽기, 쓰기, 셈하기와 관련된
공부력을 키워야 여러 교과를 터득하기 쉬워집니다.
또한 어휘력과 독해력, 쓰기력, 계산력을 바탕으로 한
'공부력'은 자기주도 학습으로 상당한 단계까지 올라갈 수
있는 밑바탕이 되어 줍니다. 그래서 매일 꾸준한 학습이 가능한
'완자 공부력 시리즈'로 공부하면 자기주도학습이 가능한
튼튼한 공부 근육을 키울 수 있을 것이라 확신합니다.

효과적인 공부력 강화 계획을 세워요!

◉ 학년별 공부 계획

내 학년에 맞게 꾸준하게 공부 계획을 세워요!

		1-2학년	3-4학년	5-6학년
기본	독해	국어 독해 1A 1B 2A 2B	국어 독해 3A 3B 4A 4B	국어 독해 5A 5B 6A 6B
	계산	수학 계산 1A 1B 2A 2B	수학 계산 3A 3B 4A 4B	수학 계산 5A 5B 6A 6B
	어휘	전과목 어휘 1A 1B 2A 2B	전과목 어휘 3A 3B 4A 4B	전과목 어휘 5A 5B 6A 6B
		파닉스 1 2	영단어 3A 3B 4A 4B	영단어 5A 5B 6A 6B
확장	어휘	전과목 한자 어휘 1A 1B 2A 2B	전과목 한자 어휘 3A 3B 4A 4B	전과목 한자 어휘 5A 5B 6A 6B
	쓰기	맞춤법 바로 쓰기 1A 1B 2A 2B		
	독해		한국사 독해 인물편 1 2 3 4 한국사 독해 시대편 1 2 3 4	

시기별 공부 계획

학기 중에는 **기본**, 방학 중에는 **기본 + 확장**으로 공부 계획을 세워요!

방학 중			
학기 중			
기본			**확장**
독해	계산	어휘	어휘, 쓰기, 독해
국어 독해	수학 계산	전과목 어휘	전과목 한자 어휘
		파닉스(1~2학년) 영단어(3~6학년)	맞춤법 바로 쓰기(1~2학년) 한국사 독해(3~6학년)

예시 **초1 학기 중 공부 계획표** 주 5일 하루 3과목 (45분)

월	화	수	목	금
국어 독해	국어 독해	국어 독해	국어 독해	국어 독해
수학 계산	수학 계산	수학 계산	수학 계산	수학 계산
전과목 어휘	파닉스	전과목 어휘	전과목 어휘	파닉스

예시 **초4 방학 중 공부 계획표** 주 5일 하루 4과목 (60분)

월	화	수	목	금
국어 독해	국어 독해	국어 독해	국어 독해	국어 독해
수학 계산	수학 계산	수학 계산	수학 계산	수학 계산
전과목 어휘	영단어	전과목 어휘	전과목 어휘	영단어
한국사 독해 인물편	전과목 한자 어휘	한국사 독해 인물편	전과목 한자 어휘	한국사 독해 인물편

01 고칠 개(改)

◐ '고칠 개(改)'가 들어간 어휘　　　　　　　　　　　　　　　　　　　　　　　　본문 9쪽

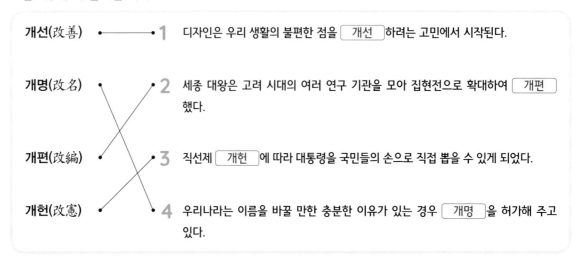

개선(改善) ●———————● 1 디자인은 우리 생활의 불편한 점을 [개선] 하려는 고민에서 시작된다.

개명(改名) ●　　　　　● 2 세종 대왕은 고려 시대의 여러 연구 기관을 모아 집현전으로 확대하여 [개편] 했다.

개편(改編) ●　　　　　● 3 직선제 [개헌] 에 따라 대통령을 국민들의 손으로 직접 뽑을 수 있게 되었다.

개헌(改憲) ●　　　　　● 4 우리나라는 이름을 바꿀 만한 충분한 이유가 있는 경우 [개명] 을 허가해 주고 있다.

《 문제로 어휘⑦높여요 》 ────────────────────────────── 본문 10쪽

1 ⑤
'개헌(改 고칠 개, 憲 법 헌)', '개량(改 고칠 개, 良 어질 량)', '개혁(改 고칠 개, 革 바꿀 혁)'에는 모두 '고치다'라는 뜻의 '개(改)'자가 쓰였다.

2 개편
기존의 '사회적 거리 두기 단계'의 기준을 다음 주부터 고쳐 새롭게 적용한다는 내용이므로, '개편(改編)'이 알맞다.

3 ㉠
'개선(改善)'은 잘못되거나 부족한 점을 '고쳐서 더 좋게 만듦.'을 뜻하는 어휘이다. ㉠은 비가 온 뒤에 눈까지 내려 도로 상황이 더 안 좋아지는 경우를 나타낸 문장이므로, '개선'과 어울리지 않는다.

4 개명
'이름을 바꿈'이라는 말을 통해 밑줄 친 곳에 들어갈 어휘가 '개명(改名)'임을 알 수 있다.

《 글 쓰며 표현⑦높여요 》 ────────────────────────────── 본문 11쪽

예시 저는 집에서 창고로 쓰는 방을 공부하는 방으로 개조하고 싶습니다. 방에서 공부를 하려고 마음을 먹어도 습관적으로 침대에 누워서 쉬고 싶어져요. 독서실처럼 공부할 수 있는 방이 따로 있으면 이런 습관을 개선하는 데 도움이 될 것 같아요.

가릴 선(選)

○ '가릴 선(選)'이 들어간 어휘   본문 13쪽

1 선정(선출) 한 주제에 맞는 의견을 제시한다.

2 국회 의원은 국민의 투표로 4년마다 선출(선정) 한다.

3 세리머니는 골을 넣은 선수 이/가 그 기쁨을 몸짓으로 나타내는 것이다.

4 반장 선거 에 여자만 또는 남자만 나갈 수 있다고 한다면 어떤 기분일까요?

문제로 어휘⑦높여요   본문 14쪽

1 ④
'선택하다'는 '가릴 선(選)'과 '가릴 택(擇)'으로 이루어진 어휘로, '여럿 가운데서 필요한 것을 골라 뽑다.'라는 뜻이다. 따라서 '뽑다', '정하다', '택하다', '고르다'는 모두 이와 비슷한 뜻이지만, '잘하다'는 좋고 훌륭하게 한다는 뜻으로 선택한다는 의미가 포함되어 있지 않다.

2 **1** 선출   **2** 선거
1 새로운 시장이 뽑혔다는 내용이므로, '여럿 가운데서 골라냄.'을 의미하는 '선출(選出)'이 알맞다.
2 학교 구성원이 자신들을 대표하는 사람을 뽑는다는 내용이므로, '조직이나 집단의 대표자나 임원을 뽑는 일.'을 의미하는 '선거(選擧)'가 알맞다.

3 **1** 선정   **2** 선호
1 인권상을 받을 자격이 있는 사람들을 선택해 달라는 내용이므로, '여럿 가운데서 어떤 것을 뽑아 정함.'을 뜻하는 '선정'이 알맞다.
2 다양한 색상과 디자인 중에서 초등학생들이 더 좋아하는 것을 참고한다는 내용이므로, '여럿 가운데서 특별히 가려서 좋아함.'을 뜻하는 '선호'가 알맞다.

4 선수
'선수'는 '운동 경기 등에서 대표로 뽑힌 사람. 또는 스포츠를 직업으로 하는 사람.'을 뜻한다. '운동 감각이 있어야 한다.', '꾸준한 훈련', '경기에서 최선을 다한다.' 등의 내용을 통해 '이 사람들'이 '선수'임을 알 수 있다.

글 쓰며 표현⑦높여요   본문 15쪽

예시 저는 가족들과 보드게임을 즐겨 합니다. 특히 무작위로 선택한 숫자 타일을 빨리 내려놓는 사람이 이기는 '숫자 보드게임'을 자주 합니다. 숫자를 내려놓을 때에는 규칙이 있는데 연속된 숫자이거나 색만 다른 동일한 숫자여야 합니다. 이때 이미 내려놓은 숫자 타일들을 이용할 수 있습니다. 이 게임은 저처럼 숫자 놀이를 선호하는 친구들 사이에서 유명합니다.

03 붙을 착(着)

본문 17쪽

○ '붙을 착(着)'이 들어간 어휘

도착(到着) ●————●1 화학 물질을 다룰 때에는 실험복을 [착용] 합니다.

착용(着用) ●————●2 자전거를 타고 먼저 [도착] 하는 사람이 우승입니다.

착륙(着陸) ●————●3 헬리콥터는 좁은 면적이라도 [착륙] 할 수 있다.

접착제(接着劑) ●————●4 종이 접시 뒷면에 굵은 털실을 [접착제] (으)로 고정합니다.

(문제로 어휘カ 높여요

본문 18쪽

1 착용

'착용(着用)'은 '의복, 모자, 신발, 액세서리 등을 입거나, 쓰거나, 신거나 차거나 함.'이라는 뜻이다.

2 1 출발   2 이륙

1 '도착(到着)'은 '목적한 곳에 다다름.'이라는 뜻을 지닌 어휘로, '출발'과 뜻이 반대된다. '출발(出 날 출, 發 필 발)'은 '목적지를 향하여 나아감.'을 뜻한다.

'시작(始 비로소 시, 作 지을 작)'은 '어떤 일이나 행동의 처음 단계를 이루거나 그렇게 하게 함.'을 뜻하고, '출근(出 날 출, 勤 부지런할 근)'은 '일터로 근무하러 나가거나 나옴.'을 뜻한다. '개막(開 열 개, 幕 막 막)'은 '막을 열거나 올린다는 뜻으로, 연극이나 음악회, 행사 따위를 시작함.'을 뜻한다.

2 '착륙(着陸)'은 '비행기 등이 공중에서 활주로나 판판한 곳에 내림.'이라는 뜻을 지닌 어휘로, '이륙(離 떠날 이, 陸 뭍 륙)'과 뜻이 반대된다. '이륙'은 '비행기 등이 날기 위하여 땅에서 떠오름.'을 뜻한다.

'종착(終 끝 종, 着 붙을 착)'은 '마지막으로 도착함.'을 뜻하고, '상륙(上 위 상, 陸 뭍 륙)'은 '배에서 육지로 오름.'을 뜻한다. '육상(陸 뭍 륙, 上 위 상)'은 '뭍 위.' 또는 '달리기, 뛰기, 던지기 등 육상에서 행하는 각종 경기를 통틀어 이르는 말.'을 뜻한다.

3 당연한 것

'정착(定 정할 정, 着 붙을 착)'은 '일정한 곳에 자리를 잡아 붙박이로 있거나 머물러 삶.', '새로운 문화 현상, 학설 따위가 당연한 것으로 사회에 받아들여짐.'이라는 뜻으로 쓰인다.

4 ③

'선착순'은 '先(먼저 선)', '着(붙을 착)', '順(순할/차례 순)'으로 이루어진 어휘이다. '접착제'는 '接(이을 접)', '着(붙을 착)', '劑(약제 제)로 이루어진 어휘이다. 그러므로 빈칸에는 '着(붙을 착)'이 들어가야 한다.
① 改(고칠 개), ② 選(가릴 선), ④ 見(볼 견), ⑤ 品(물건 품)

(글 쓰며 표현カ 높여요

본문 19쪽

예시 보호대를 하지 않고 스케이트를 타는 친구 – 스케이트를 탈 때에는 보호대가 필수야. 스케이트를 타다가 보호대가 풀릴 수도 있으니, 착용할 때 보호대 양 끝이 잘 접착되었는지 꼼꼼하게 확인해야 해.

04 자리 위(位)

○ '자리 위(位)'가 들어간 어휘

본문 21쪽

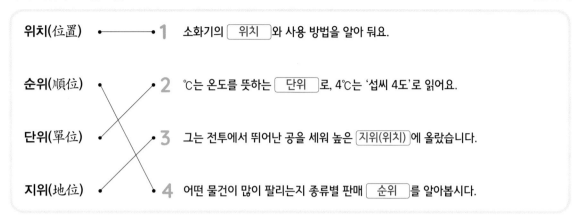

위치(位置) • ————— 1 소화기의 [위치]와 사용 방법을 알아 둬요.

순위(順位) • 2 ℃는 온도를 뜻하는 [단위]로, 4℃는 '섭씨 4도'로 읽어요.

단위(單位) • 3 그는 전투에서 뛰어난 공을 세워 높은 [지위(위치)]에 올랐습니다.

지위(地位) • 4 어떤 물건이 많이 팔리는지 종류별 판매 [순위]를 알아봅시다.

(문제로 **어휘**力 높여요

본문 22쪽

1 ④
이 문장에서 '위치(位置)'는 햇볕이 잘 드는 특정한 곳을 가리키는 어휘로, '어떤 일이 이루어지거나 일어나는 곳.'을 뜻하는 '장소(場 마당 장, 所 바 소)'와 뜻이 비슷하다.
① '방향(方 모 방, 向 향할 향)'은 '어떤 방위를 향한 쪽.'을 뜻하고, ② '거리(距 떨어질 거, 離 떠날 리)'는 '두 개의 물건이나 장소 등이 공간적으로 떨어진 길이.'를 뜻한다. ③ '무게'는 '물건의 무거운 정도.'를 뜻하고, ⑤ '시간(時 때 시, 間 사이 간)'은 '어떤 시각에서 어떤 시각까지의 사이.' 또는 '시간의 어느 한 시점.'을 뜻한다.

2 단위를 나타내는 말
'개, 장, 켤레, 잔'은 모두 하나, 둘 등의 수량을 해당 사물에 알맞은 수치로 나타내는 '단위(單位)'이다.

3 1 지위   2 품위
은퇴하여 사회적 신분에 따르는 위치나 자리에서 내려왔지만, 여전히 사람이 갖추어야 할 위엄이나 기품이 있다는 내용의 문장이다.

4 순위
반 친구들이 많이 희망하는 직업을 순서대로 보여 주고 있으므로, '우리 반 희망 직업 순위(順位)'라는 제목을 붙일 수 있다.

(글 쓰며 **표현**力 높여요

본문 23쪽

[예시] 저 사자는 다른 사자와 싸우다 상처가 났나 봐. 상처 부위에 약을 발랐네. 그런데 동물을 셀 때에는 '개'가 아니라 '마리'라는 단위를 써야 해. 즉 '사자 여러 개'가 아니라 '사자 여러 마리'로 말해야겠지? 우리 사자가 총 몇 마리 있는지 같이 세어 볼까?

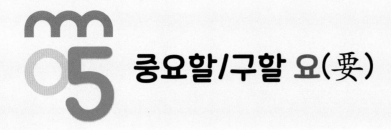

05 중요할/구할 요(要)

○ '중요할/구할 요(要)'가 들어간 어휘   본문 25쪽

1   도움이 필요할 때 친구에게 도움을 ⟨ 요청 ⟩했나요?

2   회의를 할 때 기록자는 중요한 내용을 ⟨ 요약 ⟩해서 기록합니다.

3   안전하게 자전거를 타기 위해 ⟨ 주요 ⟩ 점검 사항을 확인해 봅시다.

4   최근에는 신재생 에너지원을 찾는 ⟨ 수요 ⟩이/가 대폭 늘어나고 있습니다.

문제로 어휘力 높여요   본문 26쪽

1   ⓒ
'주요'는 '주되고 중요함.'이라는 뜻을 지닌 어휘이다. ⓒ은 '비록'이라는 어휘가 맨 앞에 쓰인 것으로 보아 사소한 부주의가 큰 사고를 가져올 수 있다는 내용이므로 '주요'와 어울리지 않는다.

2   수요

3   간추린
'요약(要約)하다'는 '말이나 글의 요점을 잡아서 간추리다.'라는 뜻을 지닌 어휘로, '글 등에서 중요한 점만을 골라 간략하게 정리하다.'라는 의미의 '간추리다'와 바꾸어 쓸 수 있다.
'간단하다'는 단순하고 간략하다는 의미이고, '간편하다'는 간단하고 편리하다는 의미이므로, 글을 간략하게 정리한다는 의미는 포함되어 있지 않다.

4   ④
'요청'이란 필요한 어떤 일이나 행동을 부탁하는 것을 말한다. ⓔ에는 미술용품을 같이 쓰자는 '요청'의 뜻이 담겨 있다.

글 쓰며 표현力 높여요   본문 27쪽

예시 저는 필기도구와 세면도구, 우비를 준비할 생각입니다. 필기도구는 그날 있었던 주요한 일을 요약하여 정리하기 위해, 세면도구는 위생을 위해, 우비는 급작스럽게 비가 올 경우에 요긴하게 쓰기 위해서입니다.

독해로 마무리해요 ──────────────────────────── 본문 28쪽

1 ⑤
이 글은 공동 주택 환경 개선을 위해 반려견을 기르는 세대에게 몇 가지 주의 사항을 안내하고 있다.

2 반려견을 안고 한쪽 위치에 선다.

놀이로 정리해요 ──────────────────────────── 본문 29쪽

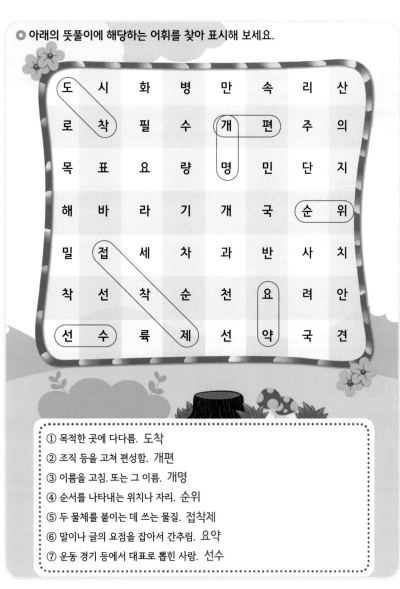

○ 아래의 뜻풀이에 해당하는 어휘를 찾아 표시해 보세요.

도	시	화	병	만	속	리	산
로	착	필	수	개	편	주	의
목	표	요	량	명	민	단	지
해	바	라	기	개	국	순	위
밀	접	세	차	과	반	사	치
착	선	착	순	천	요	려	안
선	수	륙	제	선	약	국	견

① 목적한 곳에 다다름. 도착
② 조직 등을 고쳐 편성함. 개편
③ 이름을 고침. 또는 그 이름. 개명
④ 순서를 나타내는 위치나 자리. 순위
⑤ 두 물체를 붙이는 데 쓰는 물질. 접착제
⑥ 말이나 글의 요점을 잡아서 간추림. 요약
⑦ 운동 경기 등에서 대표로 뽑힌 사람. 선수

06 비 우(雨)

본문 31쪽

● '비 우(雨)'가 들어간 어휘

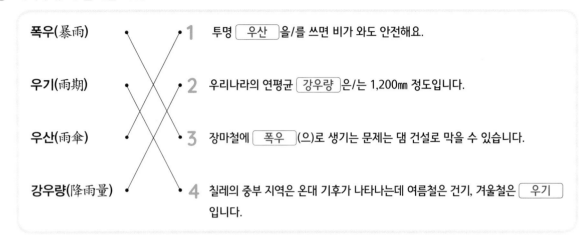

폭우(暴雨) ·

우기(雨期) ·

우산(雨傘) ·

강우량(降雨量) ·

1 투명 [우산] 을/를 쓰면 비가 와도 안전해요.

2 우리나라의 연평균 [강우량] 은/는 1,200㎜ 정도입니다.

3 장마철에 [폭우] (으)로 생기는 문제는 댐 건설로 막을 수 있습니다.

4 칠레의 중부 지역은 온대 기후가 나타나는데 여름철은 건기, 겨울철은 [우기] 입니다.

문제로 어휘⼒높여요

본문 32쪽

1 ④
제시된 설명으로 보아, 이 기구는 '비'의 양을 재는 것이므로, 빈칸에는 '비'를 뜻하는 글자인 '우(雨, 비 우)'가 들어가야 한다.

2 비, 양
'강우량(降雨量)'은 '일정 기간 일정한 곳에 내린 비의 양.'을 뜻하는 어휘이다.

3 1 우산 2 우기
1 빈칸에는 볕을 가릴 때 쓰는 기구인 '양산(陽傘)'과 반대로 '비가 올 때 펴서 머리 위를 가려 몸이 비를 맞지 않게 하는 기구.' 를 뜻하는 '우산(雨傘)'이 들어가야 한다.
2 빈칸에는 가뭄을 해소해 줄 수 있는 시기, 즉 '일 년 중 비가 많이 오는 시기.'를 뜻하는 '우기(雨期)'가 들어가야 한다.

4 폭우가 내리며
'폭우(暴雨)'는 갑자기 세차게 쏟아지는 비를 의미하므로, 밑줄 친 부분과 비슷한 뜻이어서 바꾸어 쓸 수 있다.

글 쓰며 표현⼒높여요

본문 33쪽

예시 어제 내린 비는 최근 몇 년 동안 내린 것 중에 최고 강우량이라고 하던데, 오늘도 비 소식이 있어. 모두 잊지 말고 우산이나 우비를 꼭 챙기고, 빗길에 넘어지지 않도록 조심하자. 학교에서 만나.

물고기 어(魚)

○ '물고기 어(魚)'가 들어간 어휘
본문 35쪽

1 바다에 살던 물고기를 키우려면 어항 에 어떤 물을 넣어야 할까요?

2 문어 은/는 몸통이 매끄럽고 다리에 오돌토돌한 빨판이 많이 있어요.

3 육류나 어패류 을/를 담은 용기는 샐 틈 없이 꼭 닫고 구입 날짜를 적어 보관합니다.

4 해양 경찰은 우리나라 바다에서 물고기를 잡던 다른 나라 어선 한 척을 붙잡았습니다.

(문제로 **어휘**力높여요)
본문 36쪽

1 ③
예문의 밑줄 친 곳에 들어갈 어휘는 '낚시로 고기잡이하는 데 쓰는 배.'를 뜻하는 '어선(魚船)'이다.
① 만선(滿船): 물고기 따위를 많이 잡아 배에 가득히 실은 배. ② 승선(乘船): 배를 탐. ④ 조선(造船): 배를 설계하여 만듦.

2 문어
'몸에 뼈가 없어서 흐물흐물하다.', '○○발처럼 확장했다.' 등의 표현을 통해 빈칸에 공통으로 들어갈 어휘는 '문어(文魚)'임을
알 수 있다.

3 키조개, 고등어
'어패류(魚貝類)'는 '물고기 어(魚)'와 '조개 패(貝)'로 이루어진 어휘로, 식품으로 쓰이는 생선과 조개 종류를 아울러 이르는 말이
다. 제시한 목록에서 어패류에 속하는 것은 조개인 '키조개'와 생선인 '고등어'이다. '돼지고기', '소고기', '닭 가슴살'은 육류에 속
하며, '딸기'는 과일에 속한다.

4 ㄹ
'건어물(乾魚物)', '어항(魚缸)', '인어(人魚)'의 뜻으로 미루어 볼 때, 모두 '물고기'와 관련이 있는 어휘임을 알 수 있다. 그러므
로 밑줄 친 글자가 '물고기 어(魚)'라고 예상할 수 있다. 그러나 '은어(隱語)'는 '물고기'가 아니라 '말'과 관련이 있는 어휘로, '숨
을 은(隱)'과 '말씀 어(語)'가 쓰였다.

(글 쓰며 **표현**力높여요)
본문 37쪽

예시 제가 오늘 만들 요리는 연어 튀김입니다. 시장에 가서 연어와 튀김 가루, 식용유 등을 사야 해요. 건어물
가게에 들러 연어 튀김 주변에 놓을 건어물도 사야겠어요. 타르타르 소스에 연어를 퐁당 찍어 먹는 요리
로, 제목은 '크림 어항에 빠진 연어 튀김'입니다.

08 씻을 세(洗)

본문 39쪽

○ '씻을 세(洗)'가 들어간 어휘

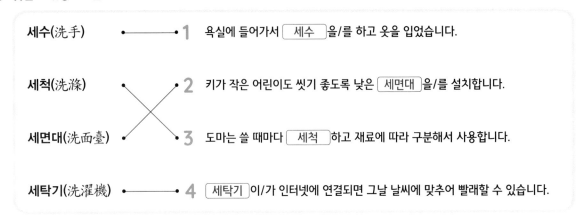

세수(洗手) ●————1 욕실에 들어가서 [세수] 을/를 하고 옷을 입었습니다.

세척(洗滌) ●————2 키가 작은 어린이도 씻기 좋도록 낮은 [세면대] 을/를 설치합니다.

세면대(洗面臺) ●————3 도마는 쓸 때마다 [세척] 하고 재료에 따라 구분해서 사용합니다.

세탁기(洗濯機) ●————4 [세탁기] 이/가 인터넷에 연결되면 그날 날씨에 맞추어 빨래할 수 있습니다.

(문제로 어휘力높여요

본문 40쪽

1 ① 세 ② 면

① 두 번째 글자가 '수'이면서 '얼굴을 씻지'와 바꾸어 쓸 수 있는 어휘는 '손이나 얼굴을 씻음.'을 뜻하는 '세수(洗手)'이다.

② '얼굴과 손을 씻는 곳'과 바꾸어 쓸 수 있는 어휘는 '물로 얼굴과 손을 씻을 수 있는 시설을 갖추어 놓은 대.'를 뜻하는 '세면대(洗面臺)'이다.

2 세탁기

더러워진 바지의 때를 깨끗하게 빨아 없애기 위해 필요한 기계는 '빨래하는 기계.'를 뜻하는 '세탁기(洗濯機)'이다.

3 ① 세제 ② 세면도구

① 설거지를 하는 기계인 식기세척기에 넣어야 하는 것으로는 '물에 풀어서 고체의 표면에 붙은 이물질을 씻어 내는 데 쓰는 물질.'을 뜻하는 '세제(洗劑)'가 적절하다.

② 다른 곳에서 자기 위해 챙겨야 할 도구로는 '얼굴을 씻거나 머리를 감거나 면도 따위를 할 때 쓰는 여러 가지 도구.'를 뜻하는 '세면도구(洗面道具)'가 적절하다.

4 세준

'세척(洗滌)'은 '물건을 깨끗이 씻음.'을 뜻한다. 문장의 앞뒤 맥락을 보았을 때, 세준이는 한번 더러워진 강물이 다시 깨끗해지기가 쉽지 않다고 말하는 것이다. 따라서 '더럽게 물듦.'을 뜻하는 '오염(汚 더러울 오, 染 물들일 염)'을 사용해서 말해야 한다.

(글 쓰며 표현力높여요

본문 41쪽

예시 규칙 하나. 매일 사용하는 세면대를 자주 세척한다. 규칙 둘, 쓴 그릇은 세제를 사용해서 꼼꼼하게 설거지한다. 규칙 셋, 우리 가족이 함께 타는 차를 세차할 때에는 열심히 돕는다.

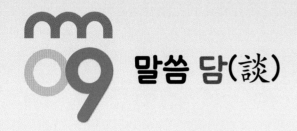

09 말씀 담(談)

○ '말씀 담(談)'이 들어간 어휘
본문 43쪽

> **1** 가족이 모여 어른들에게 세배를 드리고, 덕담 을 주고받았습니다.
>
> **2** 양국의 대통령은 정상 회담 에서 두 나라의 발전 방안을 의논했습니다.
>
> **3** 자신의 꿈이 '연예인'으로 바뀌었다고 하는 한 학생을 면담 하였습니다.
>
> **4** 속담 에는 우리보다 먼저 살았던 사람들의 가르침이나 지혜가 담겨 있습니다.

문제로 어휘力 높여요

본문 44쪽

1 덕담

'모든 일이 잘되기를 바라는 말'과 바꾸어 쓸 수 있는 어휘는 '남이 잘되기를 비는 말.'을 뜻하는 '덕담(德談)'이다. '험담(險談)'은 '險(험할 험)' 자를 써서 '남의 흠을 들추어 헐뜯는 말.'을 뜻하는 어휘이다.

2 어떤 문제에 관련된, 의견

'회담(會談)'은 '어떤 문제에 관련된 사람들이 모여서 서로 의견을 주고받음.'을 뜻하는 어휘이다.

3 예원

민준, 종하가 한 말은 모두 옛날부터 사람들 사이에서 얘기되는, 교훈이 담긴 짧은 말인 '속담(俗談)'이다. 예원이는 자신의 생활 습관을 이야기하고 있다.

4 면담, 덕담

석현이는 나라에게 담임 선생님을 찾아가서 이야기를 나누었는지 묻고 있으므로, 빈칸에 '면담(面談)'을 넣어야 적절하다. 나라는 선생님께서 내가 꼭 꿈을 이뤄서 잘되길 빈다고 말씀을 해 주셨다고 말하고 있으므로, 빈칸에 '덕담(德談)'을 넣어야 적절하다.

글 쓰며 표현力 높여요

본문 45쪽

예시 여러분, 낮말은 새가 듣고 밤말은 쥐가 듣는다는 속담이 있어요. 그러니까 농담이라도 다른 사람을 험담하는 일은 없어야 해요.

번개 전(電)

○ '번개 전(電)'이 들어간 어휘 본문 47쪽

가전(家電) • • 1 [정전]이/가 되면 비상등이 켜진 쪽으로 천천히 이동한다.

정전(停電) • • 2 [가전]제품은 에너지 효율이 높은 것을 사용하는 것이 좋다.

전등(電燈) • • 3 에너지를 아끼기 위해서 '지구촌 [전등] 끄기 운동'을 매년 열고 있다.

발전소(發電所) • • 4 정부는 기업이 제품을 생산하고 옮길 수 있도록 [발전소]와/과 고속 국도 등을 지었다.

문제로 어휘⑪높여요 본문 48쪽

1 ③
'전기를 일으키는 시설을 갖춘 곳.'을 뜻하는 어휘는 '발전소(發電所)'이므로, 빈칸에 알맞은 한자는 '電(번개 전)'이다.

2 정전되어
밑줄 친 '전기가 끊어져'와 바꾸어 쓸 수 있는 어휘는 '오던 전기가 끊어짐.'을 뜻하는 '정전(停電)'이다.
'감전(感 느낄 감, 電 번개 전)'은 '전기가 흐르는 물체에 몸이 닿아 충격을 받는 것.'을 뜻한다. '절전(節 절약할 절, 電 번개 전)'은 '전기를 아껴 씀.'을 뜻한다. '충전(充 채울 충, 電 번개 전)'은 '전기를 채워 넣는 것.'을 뜻한다.

3 가전
냉장고, 세탁기, 에어컨, 텔레비전은 모두 가정에서 사용하는 전기 기기 제품이다. 따라서 빈칸에는 '가정에서 사용하는 세탁기, 냉장고, 텔레비전 등의 전기 기기 제품.'을 뜻하는 '가전(家電)'이 들어가야 한다.

4 ②
②은 정전(停電), 즉 전기가 끊어져 다른 불빛에 의지해야 하는 상황이므로, 밑줄 친 곳에 전기의 힘으로 밝은 빛을 내는 등을 의미하는 '전등(電燈)'은 들어갈 수 없다. ②의 밑줄 친 곳에는 전기의 힘이 필요 없는 '촛불' 등을 써야 한다.

글 쓰며 표현⑪높여요 본문 49쪽

예시 "갑자기 집 안의 전등이 모두 나갔어요. 가전제품의 전원이 안 켜지고, 휴대 전화도 충전이 안 되고 있어요. 아무래도 정전이 된 것 같은데 어서 확인해 주세요!"

독해로 마무리해요 ─────────────────────── 본문 50쪽

1 날씨

이 글은 오늘부터 장마가 시작하여 전국에 비 소식이 있다는 오늘의 날씨 정보를 알리고, 이때 발생할 수 있는 안전사고와 이에 주의할 점을 일러 주고 있다.

2 ②

이 글에서는 비가 천둥과 번개를 동반할 것이니, 정전이 발생할 수 있다며 이에 미리 대비하라고 주의를 주고 있다.
① 폭우가 내린다고 예상되는 시간은 오늘 오후이다. ③ 올해 장마철 강우량은 작년보다 많을 것으로 보인다고 하였다. ④ 장마로 홍수가 나면 사람의 목숨까지 위험해질 수 있다는 것은 관련 속담의 내용일 뿐, 이 글에 사람이 다치는 사고가 많이 발생했다는 내용은 없다. ⑤ 바닷가에는 바람이 세차게 불 것이니 어선을 묶어 놓으라고 하였다.

놀이로 정리해요 ─────────────────────── 본문 51쪽

어휘의 뜻풀이가 맞으면 ○로, 틀리면 ✕로 건너가서 개구리 친구에게 줄 선물을 골라 보세요.

11 더할 가(加)

○ '더할 가(加)'가 들어간 어휘

본문 53쪽

1 물을 [가열]하면 시간이 지난 뒤 물속에서 기포가 생기며 물이 끓습니다.

2 시민 단체에 [가입]하여 불법 주차의 심각성을 알리는 활동을 했습니다.

3 정보화 사회가 되면서 개인 정보 유출이 [증가]하여 문제가 되고 있습니다.

4 글에 표, 지도, 그림 등을 [추가]하면 내용을 더 효과적으로 전달할 수 있습니다.

문제로 어휘⑰높여요

본문 54쪽

1 가열
두 문장은 모두 어떤 대상에 열을 더하여 일어나는 현상을 설명하는 내용이다. 따라서 두 문장의 빈칸에는 뜨거운 기운을 더함이라는 뜻의 '가열(加熱)'이 들어갈 수 있다.

2 ④
'증가'는 '增(더할 증)'과 '加(더할 가)'로 이루어진 어휘로, 양이나 수치가 늚을 뜻한다. 이와 반대의 뜻을 지닌 어휘는 양이나 수치가 줆을 뜻하는 '감소(減少)'이므로, 빈칸에 들어갈 글자는 '덜 감(減)'이다.

3 ❶ 들어갔다 ❷ 더하여
❶ '가입(加入)하다'는 어떤 단체에 들어가서 구성원이 되는 것을 의미하므로, '들어가다'와 바꾸어 쓸 수 있다.
❷ '추가(追加)하다'는 나중에 더 보태는 것을 의미하므로, '더하다'와 바꾸어 쓸 수 있다.

4 ©
©의 '가증'은 괘씸하고 얄미움, 또는 그런 짓을 뜻하는 어휘로, '더하다'라는 의미는 포함되어 있지 않으며 '可(옳을 가)'와 '憎(미워할 증)'으로 이루어졌다.
⊙의 '가감'은 '加(더할 가)'와 '減(덜 감)'으로 이루어진 어휘로, 더하거나 덜함을 뜻한다. ©의 '첨가'는 '添(더할 첨)'과 '加(더할 가)'로 이루어진 어휘로, 이미 있는 것에 덧붙이거나 보탬을 뜻한다.

글 쓰며 표현⑰높여요

본문 55쪽

예시 사람들이 우리 옷에 관심을 가질 수 있도록, 새로운 디자인의 옷을 더 많이 추가할 것이다. 또 세계적인 패션쇼에 참가하여 우리 옷을 홍보할 것이다.

116

12 볼 관(觀)

○ '볼 관(觀)'이 들어간 어휘   본문 57쪽

관찰(觀察) ●————● 1 여러 종류의 생물을 [관찰] 하고 각 생물의 특징을 이야기해 봅시다.

관객(觀客) ●   ● 2 전기문에서 인물이 한 일이나 생각을 통해 인물의 [가치관]을 짐작해 봅시다.

가치관(價值觀) ●   ● 3 6세~13세 시기에는 논리적이고 [객관적]으로 생각하는 능력이 발달합니다.

객관적(客觀的) ●   ● 4 극장의 [관객] 수가 크게 줄었고, 영화 제작사도 경제적 어려움을 겪었습니다.

문제로 어휘ナ높여요   본문 58쪽

1 ④
'관객(觀客)'은 운동 경기, 공연, 영화 등을 보거나 듣는 사람을 뜻한다. 따라서 흥미나 관심을 가지고 보는 사람을 뜻하는 '구경꾼'과 바꾸어 쓸 수 있다.
① 가수(歌 노래 가, 手 손 수): 노래 부르는 것이 직업인 사람. ② 고수(鼓 북 고, 手 손 수): 북이나 장구를 치는 사람. ③ 고객(顧 돌아볼 고, 客 손님 객): 물건을 사러 온 사람. ⑤ 소리꾼: 한국의 전통 창이나 노래를 잘 부르는 사람.

2 ①
'객관적'은 '客(손님 객)', '觀(볼 관)', '的(과녁 적)'으로 이루어진 어휘이다. 이와 반대의 뜻이 되게 하려면 '客(손님 객)'과 반대의 뜻을 지닌 '主(주인 주)'를 넣어 '주관적(主觀的)'이라는 어휘를 만들면 된다.

3 가치관
'가치관(價值觀)'은 옳고 그름, 좋고 나쁨을 판단하는 관점이나 기준으로, 사람의 생각과 행동 등에 영향을 준다.

4 관찰
'관찰(觀察)'은 무엇을 주의하여 자세히 살펴봄을 뜻하므로, 밑줄 친 부분과 뜻이 비슷하다.
'관망(觀 볼 관, 望 바랄 망)'은 한발 물러나서 어떤 일이 되어 가는 형편을 바라봄을 뜻하고, '관람(觀 볼 관, 覽 볼 람)'은 연극, 영화, 운동 경기, 미술품 등을 구경함을 뜻한다. '관광(觀 볼 관, 光 빛 광)'은 다른 지방이나 다른 나라에 가서 그곳의 풍경, 풍습, 문물 등을 구경함을 뜻한다.

글 쓰며 표현ナ높여요   본문 59쪽

예시 안녕하세요. 저는 오늘 여러분의 문화 관광을 도와 드릴 해설사입니다. 오늘은 한양 도성 투어를 진행하려고 해요. 숭례문, 경복궁, 광화문 등 조선 시대의 유명한 건축물을 관람할 예정입니다. 건축물 안에도 문화유산이 많이 숨어 있으니 잘 관찰해 보시기 바랍니다.

13 견줄 비(比)

○ '견줄 비(比)'가 들어간 어휘

본문 61쪽

1 양팔저울로 여러 가지 물체의 무게를 [비교]해 봅시다.

2 한낮의 더위에 [비례]하여 전기 사용량도 늘어났습니다.

3 봄비가 내리는 소리를 교향악에 [비유]하여 시를 썼습니다.

4 전체 인구에서 노인의 [비율]이/가 높은 사회를 고령화 사회라고 합니다.

〔 문제로 **어휘** 力 높여요 〕

본문 62쪽

1 비례
첫 번째 문장은 '시험 성적'과 '공부한 시간'의 관계를 말하고 있고, 두 번째 문장은 '체력'과 '공격력'의 관계를 말하고 있다. 따라서 빈칸에는 어느 한쪽의 양이나 수가 변하는 만큼 그와 관련된 다른 쪽의 양이나 수도 바뀜을 의미하는 '비례(比例)'가 들어갈 수 있다.

2 비유
'비유(比喩)'는 어떤 현상이나 사물을 비슷한 다른 것에 빗대어 나타내는 것을 의미하므로 밑줄 친 부분과 바꾸어 쓸 수 있다. '비중(比 견줄 비, 重 무거울 중)'은 다른 것과 비교할 때 차지하는 중요도를 뜻하고, '비등(比 견줄 비, 等 같을 등)'은 비교하여 볼 때 서로 비슷함을 뜻한다. '비상(飛 날 비, 上 위 상)'은 높이 날아오름을 뜻한다.

3 ②
'비율'은 '比(견줄 비)'와 '率(비율 율)'로 이루어진 어휘로, 다른 수나 양에 대한 어떤 수나 양의 비를 의미한다. '축척'은 지도에서의 거리와 실제 거리의 비를 나타낸 것이므로, 빈칸에는 '비율(比率)'이 들어가는 것이 적절하다.

4 ㉢
㉢에서 빨간색과 흰색 물감을 적절히 섞어야 분홍색이 되므로, 여럿을 서로 견주어 본다는 의미의 '비교(比較)'는 밑줄 친 곳에 알맞지 않다. ㉢의 밑줄 친 곳에는 여러 가지를 뒤섞어 한데 합치는 것을 의미하는 '혼합(混 섞을 혼, 合 합할 합)'이 적절하다.

〔 글 쓰며 **표현** 力 높여요 〕

본문 63쪽

예시 너 요즘 날씬해지려고 급식을 거른다면서? 급식을 먹지 않으면 나중에 군것질을 더 많이 하게 될 수도 있어. 비유하자면 혹 떼려다가 혹 붙이는 격이지. 급식을 먹으면 여섯 가지 식품군을 알맞은 비율로 섭취할 수 있어. 간식과 비교할 수 없이 성장기인 우리에게 안성맞춤이지. 그러니까 이제부터 급식을 거르지 말고 나랑 같이 먹자.

14 세울 건(建)

본문 65쪽

○ '세울 건(建)'이 들어간 어휘

건국(建國) •————• 1 단군왕검은 아사달로 도읍을 옮겨 고조선을 [건국]했어요.

건의(建議) • 2 홍수를 막으려면 우리 마을에 댐을 [건설]해야 한다고 해요.

건축(建築) • 3 [건축]가들은 건물을 설계할 때 여러 가지 입체 도형을 활용해요.

건설(建設) • 4 우리 지역에 불편한 점이 있으면 시청이나 도청에 [건의]하여 해결할 수 있어요.

문제로 어휘力 높여요

본문 66쪽

1 건의
두 문장 모두 의견을 내놓는 상황이다. 그러므로 빈칸에는 어떤 문제를 두고 의논할 수 있도록 의견을 내놓는 것을 뜻하는 '건의(建議)'가 알맞다.

2 ①
'세우다'라는 어휘에는 '나라나 기관 등을 처음으로 생기게 하다.'라는 의미가 담겨 있다. 그러므로 이와 바꾸어 쓸 수 있는 말은 '나라를 세우다.'라는 뜻의 '건국(建國)하다'이다.
② 개최(開 열 개, 催 재촉할 최): 모임이나 행사, 경기 등을 여는 것. ③ 자립(自 스스로 자, 立 설 립): 남에게 예속되거나 의지하지 않고 스스로 섬. ④ 설치(設 베풀 설, 置 둘 치): 어떤 일을 하는 데 필요한 기관이나 장치를 마련하여 베풀어 둠. ⑤ 통치(統 거느릴 통, 治 다스릴 치): 나라나 지역을 도맡아 다스림.

3 ㉠
'건축'은 집이나 성, 다리 등을 목적에 따라 설계하여 세우거나 쌓아 만드는 일을 뜻한다. ㉠은 문제 해결을 위한 대책을 세운다는 내용이므로 밑줄 친 곳에 '건축'은 들어갈 수 없고, 국가나 정부, 제도, 계획 등을 정식으로 만들거나 조직하는 것을 뜻하는 '수립(樹 나무 수, 立 설 립)'과 같은 단어가 들어갈 수 있다.

4 건설
철도가 생겼다는 내용이므로 건물, 설비, 시설 등을 만들어 세움을 뜻하는 '건설(建設)'이 빈칸에 들어가는 것이 알맞다.

글 쓰며 표현力 높여요

본문 67쪽

예시 세종 대왕은 조선을 건국한 태조 이성계의 손자야. 한글을 만들었을 뿐만 아니라 농업, 과학, 예술의 발전에도 힘썼지. 세종 대왕의 업적을 찾아보면 살기 좋은 조선을 건설하기 위해 노력한 임금이라는 것을 알게 될 거야.

15 그칠 지(止)

○ '그칠 지(止)'가 들어간 어휘

본문 69쪽

1 바닥에 소음 [방지] 매트를 깔면 층간 소음을 줄일 수 있다.

2 제동 장치는 주행 중인 수송 수단의 속도를 줄이거나 수송 수단을 [정지] 시키는 장치이다.

3 헌법 재판에서 법이 국민의 인권을 침해한다고 결정이 나면 그 법은 개정되거나 [폐지] 된다.

4 이 폭포는 수심이 매우 깊어서 물에 빠질 경우 사고가 발생할 수 있는 장소이므로 수영이나 물놀이를 [금지] 합니다.

(문제로 어휘力 높여요

본문 70쪽

1 ③

움직이던 긴 행렬이 멈추어 선 것이므로, '움직이고 있던 것이 멎거나 그쳤다.'라는 뜻의 '정지(停止)하였다'와 바꾸어 쓸 수 있다. 나머지 어휘는 속도에 변화를 주거나 뒤로 간다는 뜻으로, 멈추어 서는 것과는 거리가 멀다.
① 서행(徐 천천히 서, 行 갈 행): 사람이나 차가 천천히 감. ② 감속(減 덜 감, 速 빠를 속): 속도를 줄임. ④ 후퇴(後 뒤 후, 退 물러날 퇴): 뒤로 물러남. ⑤ 가속(加 더할 가, 速 빠를 속): 점점 속도를 더함.

2 ㉠

㉠의 '폐지'는 하던 일이나 제도, 법규 등을 그만두게 하거나 없앰을 뜻하는 어휘로, '廢(폐할 폐)'와 '止(그칠 지)'가 쓰였다. ㉡의 '폐지'는 쓰고 버린 종이를 뜻하는 어휘로, '廢(폐할 폐)'와 '紙(종이 지)'가 쓰였다. ㉢의 '대지'는 대자연의 넓고 큰 땅을 뜻하는 어휘로, '大(큰 대)'와 '地(땅 지)'가 쓰였다.

3 ①㉡ ②㉠

① 배의 운항을 멈추었다는 내용이므로, 빈칸에는 하던 일을 중도에서 그만둠을 의미하는 '중지'가 알맞다.
② 위조를 막기 위한 방법에 대한 설명이므로, 빈칸에는 어떤 일이 일어나지 못하게 막음을 의미하는 '방지'가 알맞다

4 금지

제시된 그림은 사람들에게 자전거를 탈 수 없는 곳임을 알려주는 표지이다. 따라서 빈칸에는 법이나 규칙이나 명령으로 어떤 행위를 하지 못하게 함을 의미하는 '금지(禁止)'가 들어갈 수 있다.

(글 쓰며 표현力 높여요

본문 71쪽

(예시) 혹시 물놀이 가기로 한 날의 날씨는 확인해 봤니? 비가 많이 내린 다음에는 갑자기 불어난 물에 떠내려갈 수도 있어. 또 수영 금지 구역에서는 절대로 수영하면 안 돼. 보트를 탈 때에는 만약에 일어날 사고를 방지하기 위해서 구명조끼를 꼭 입도록 하자.

독해로 마무리해요
본문 72쪽

1 온실가스

글의 첫 부분에서 온실가스가 대기 중에 너무 많아지면 지구 온난화 현상이 발생한다고 하였으므로, 지구 온난화의 원인이 되는 물질은 온실가스라고 할 수 있다.

2 ②

앞 문장에서 지구 온난화를 막으려면 에너지를 낭비하지 않는 것이 중요하다고 하였다. 따라서 ㉠에는 함부로 쓰지 않고 꼭 필요한 데에만 써서 아끼는 것을 의미하는 '절약(節 마디 절, 約 간략할 약)'이 알맞다.

① 탐색(探 찾을 탐, 索 찾을 색): 드러나지 않은 것을 찾기 위하여 살핌. ③ 근검(勤 부지런할 근, 儉 검소할 검): 부지런하고 검소함. ④ 발전(發 필 발, 展 펼 전): 더 낫고 좋은 상태로 나아감. ⑤ 수집(收 거둘 수, 集 모을 집): 거두어 모음.

놀이로 정리해요
본문 73쪽

16 능할 능(能)

본문 75쪽

○ '능할 능(能)'이 들어간 어휘

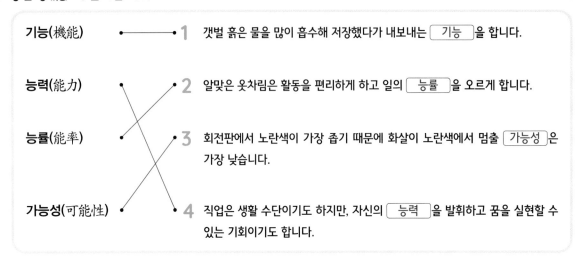

기능(機能) ━━━━━● 1 갯벌 흙은 물을 많이 흡수해 저장했다가 내보내는 [기능]을 합니다.

능력(能力) ● 2 알맞은 옷차림은 활동을 편리하게 하고 일의 [능률]을 오르게 합니다.

능률(能率) ● 3 회전판에서 노란색이 가장 좁기 때문에 화살이 노란색에서 멈출 [가능성]은 가장 낮습니다.

가능성(可能性) ● 4 직업은 생활 수단이기도 하지만, 자신의 [능력]을 발휘하고 꿈을 실현할 수 있는 기회이기도 합니다.

문제로 어휘力 높여요

본문 76쪽

1 올바르다
'유능'은 어떤 일을 남들보다 잘하는 능력이 있음을, '재능'은 어떤 일을 하는 데 필요한 재주와 능력을, '능숙'은 능하고 익숙함을 의미한다. 이로 보아 밑줄 친 '능(能)' 자는 '능하다', '뛰어나다', '할 수 있다'라는 의미를 포함하고 있음을 알 수 있다. 옳고 바르다의 뜻을 지닌 '올바르다'와는 거리가 멀다.

2 가능성
두 문장 모두 눈이 내리거나 좋은 점수를 받는 것과 같이 앞으로 실현될 수 있는 일과 관련한 내용이므로, 빈칸에 공통으로 들어갈 어휘는 앞으로 실현될 수 있는 성질이나 정도를 뜻하는 '가능성(可能性)'이다.

3 ❶ 능률 ❷ 능력
❶ 잠을 푹 자야 학습을 효과적으로 할 수 있다는 내용이므로, 괄호 안에는 일정한 시간에 할 수 있는 일의 비율을 의미하는 '능률(能率)'이 알맞다.
❷ 감독이 선수들의 재량이나 힘을 파악했다는 내용이므로, 괄호 안에는 일을 감당해 낼 수 있는 힘을 의미하는 '능력(能力)'이 알맞다.

4 기능
제시된 표에서는 각 가전제품의 특수한 기능을 소개하고 있으므로, 빈칸에는 어떤 조직이나 기관의 특수한 작용을 의미하는 '기능(機能)'이 들어갈 수 있다.

글 쓰며 표현力 높여요

본문 77쪽

예시 오늘은 유난히 힘든 날이었어. 하지만 난 나의 능력을 믿어. 시간이 지나면 모든 것이 편해질 가능성이 높아. 오늘은 푹 자고, 내일 다시 힘을 내어 능률이 높은 하루를 보내자.

17 본받을 효(效)

본문 79쪽

○ '본받을 효(效)'가 들어간 어휘

1 공이 경기장 옆으로 벗어나면 무효 이/가 됩니다.

2 에너지 효율 표시가 붙어 있는 전기 기구를 조사해 봅시다.

3 자주 떼를 쓰는 어린아이에게는 체벌보다 칭찬이 즉효 입니다.

4 해결 방안을 실천한 뒤에는 그것이 지역 문제를 해결하는 데 효과 이/가 있었는지 시간을 두고 평가합니다.

문제로 어휘力 높여요

본문 80쪽

1 ⑤
달리기가 건강에 도움이 된다는 내용이므로, 빈칸에는 어떤 일을 하여서 생기는 좋은 결과를 뜻하는 '효과(效果)'가 들어가는 것이 알맞다.

2 곧바로 나타나는 좋은 반응.
약을 먹자마자 콧물이 멎었다고 하였으므로, '즉효(卽效)'는 곧바로 나타나는 좋은 반응이라는 뜻임을 알 수 있다.

3 **1** 능률이 **2** 효험은
1 '효율(效率)'은 들인 노력과 얻은 결과의 비율을 의미한다. 이와 바꾸어 쓸 수 있는 어휘는 일정한 시간에 할 수 있는 일의 비율을 뜻하는 '능률(能率)'이다.
2 '효과(效果)'는 어떤 일을 하여서 생기는 좋은 결과를 뜻한다. 이와 바꾸어 쓸 수 있는 어휘는 일의 좋은 보람, 또는 어떤 작용의 결과를 뜻하는 '효험(效驗)'이다.

4 ⓒ
'무효(無效)'는 '없을 무(無)'와 '본받을 효(效)'로 이루어진 어휘로, 아무런 효력이 없음을 뜻한다. 규칙에 따르면 후보들 중 한 명의 이름만 적어야 하는데 ⓒ은 두 명의 이름을 적었으므로 규칙을 지키지 않은 표에 속한다. 따라서 무효가 되는 표는 ⓒ이다.

글 쓰며 표현力 높여요

본문 81쪽

예시 갑자기 열이 날 때는 이 약이 즉효라고 하셨어. 기침을 낮게 하는 데도 유효하대. 그런데 다른 약이랑 같이 먹으면 효과가 떨어질 수 있다고 하니까 주의해.

18 반드시 필(必)

○ '반드시 필(必)'이 들어간 어휘

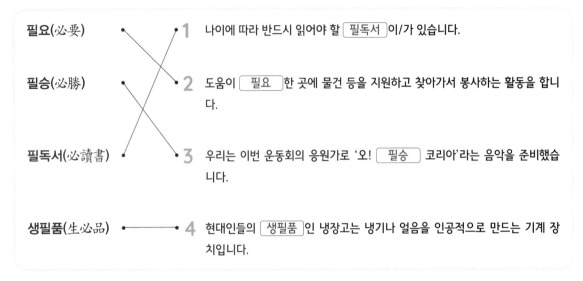

본문 83쪽

필요(必要) •────• 2

필승(必勝) •────• 1

필독서(必讀書) •────• 3

생필품(生必品) •────• 4

1 나이에 따라 반드시 읽어야 할 필독서 이/가 있습니다.

2 도움이 필요 한 곳에 물건 등을 지원하고 찾아가서 봉사하는 활동을 합니다.

3 우리는 이번 운동회의 응원가로 '오! 필승 코리아'라는 음악을 준비했습니다.

4 현대인들의 생필품 인 냉장고는 냉기나 얼음을 인공적으로 만드는 기계 장치입니다.

(문제로 어휘力 높여요

본문 84쪽

1 필요
첫 번째 문장은 시간이 많으니 서두르는 태도를 갖추지 않아도 된다는 내용이고, 두 번째 문장은 세종 대왕이 우리말을 적을 문자가 꼭 있어야 한다고 생각하는 내용이다. 따라서 빈칸에 공통으로 들어갈 어휘는 꼭 있어야 하거나 갖추어야 함을 뜻하는 '필요(必要)'이다.
'필수(반드시 必, 모름지기 須)'는 꼭 있어야 하거나 하여야 함을 의미하고, '필연(반드시 必, 그럴 然)'은 반드시 그렇게 될 수밖에 없음을 의미한다.

2 필승: 반드시 이김.
'반드시'라는 의미가 들어가 있는 '필승'은 '반드시 필(必)'과 '이길 승(勝)'으로 이루어진 어휘이다. '배필'은 '짝 배(配)'와 '짝 필(匹)'로 이루어진 어휘이고, '필순'은 '붓 필(筆)'과 '차례 순(順)'으로 이루어진 어휘이다.

3 ⑤
'생필품'은 일상생활에 반드시 있어야 하는 물품을 가리킨다. 비누, 수건, 칫솔, 휴지는 일상생활에 꼭 필요한 물건이라고 볼 수 있지만, 인형은 꼭 필요하다고 보기 어렵다.

4 필독서
반드시 읽어야 할 책을 '필독서(必讀書)'라고도 한다.

(글 쓰며 표현力 높여요

본문 85쪽

예시 여행을 떠날 때 옷과 세면도구는 꼭 필요해요. 휴지와 같은 생필품도 챙기고, 저는 휴대폰 충전기랑 이어폰도 필수로 가져간답니다.

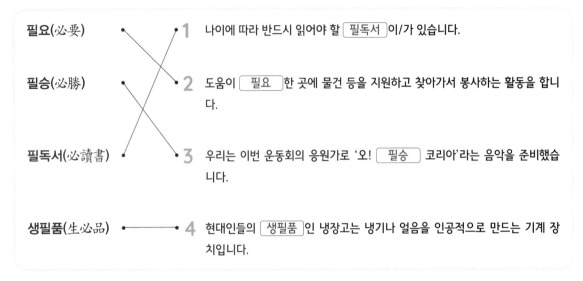

19 허락할 허(許)

○ '허락할 허(許)'가 들어간 어휘   본문 87쪽

1 [허용]되지 않은 곳에서는 사진 촬영을 하지 않아요.

2 어른이 되면 요트 [면허]을/를 따고 바다에서 여가 활동을 즐기고 싶습니다.

3 우리 기술 없이 로봇을 만들면 막대한 [특허] 사용료를 외국에 주어야 합니다.

4 큰 흉년이 들어 굶는 사람이 [허다]했는데, 대감마님께서 굶고 있는 사람들에게 죽을 끓여 먹이라고 했습죠.

문제로 어휘力 높여요

본문 88쪽

1 ⑤

발명품에 대한 권리를 인정받았다는 내용이므로, 어떤 발명품에 대한 권리를 국가가 그것을 발명한 대상에게 주는 것을 뜻하는 '특허(特許)'가 알맞다. 따라서 빈칸에는 '허(허락할 許)'가 들어가야 한다.

2 공식적인, 허가

'면허(免許)'는 특정한 일을 할 수 있는 '공식적인' 자격을 행정 기관이 '허가'하는 것을 뜻하는 어휘이다.

3 약간의

'허다(許多)한'은 흔히 볼 수 있게 매우 많은 것을 뜻하므로, 얼마 되지 않음을 의미하는 '약간의'와는 바꾸어 쓸 수 없다.

4 ㉡

'허용(許容)'은 허락하여 너그럽게 받아들인다는 의미이다. ㉠에서는 촬영이 허락된다는 의미, ㉢에서는 외출이 허락된다는 의미로 쓰일 수 있지만, ㉡에서는 이야기가 흥미진진하게 허락된다고 하면 의미가 어색해진다. ㉡의 빈칸에는 '전개'나 '진행' 등이 들어가는 것이 알맞다.

글 쓰며 표현力 높여요

본문 89쪽

예시 저희 반 친구들의 집에 안 쓰는 물건이 허다하대요. 그래서 체육관을 빌려 바자회를 진행하려고 합니다. 방과 후에 체육관을 사용하려면 선생님의 허가가 필요한데, 저녁 시간만이라도 사용을 허용해 주실 수 있을까요?

○ '완전할 완(完)'이 들어간 어휘

본문 91쪽

완벽(完璧) •

완주(完走) •

완공(完工) •

보완(補完) •

1 다음 주 금요일에 열릴 마라톤 대회에서 모두 [완주]할 수 있도록 합시다.

2 고려 시대 장인들은 자신이 만든 도자기가 [완벽]할 때까지 다시 만들었습니다.

3 자신이 가진 강점은 살리고 약점을 [보완]하려면 어떤 노력을 기울여야 할지 생각해 봅시다.

4 우리나라는 1970년에 경부 고속 국도가 [완공]되면서 전 국토가 1일 생활권으로 연결되었습니다.

문제로 어휘力 높여요

본문 92쪽

1 ③

첫 번째 문장은 부상을 입었는데도 묘기를 잘 보여 주었다는 내용, 두 번째 문장은 대회가 문제없이 치러졌다는 내용이므로, 두 문장의 빈칸에는 결함이 없이 완전함을 뜻하는 '완벽(完璧)'이 들어갈 수 있다.

'완급(느릴 緩, 급할 急)'은 느림과 빠름을 뜻하고, '완납(완전할 完, 들일 納)'은 남김없이 완전히 납부함을 뜻한다. '완승(완전할 完, 이길 勝)'은 완전하게 또는 여유 있게 이기는 것을 뜻하고, '완성(완전할 完, 이룰 成)'은 완전히 다 이룸을 뜻한다.

2 완강: 기질이 꿋꿋하고 곧으며 고집이 셈.

'완강'은 '완고할 완(頑)'과 '굳셀 강(剛)'으로 이루어진 어휘로, '완'이 '완전하다'가 아닌 '완고하다(융통성 없이 올곧고 고집이 세다)'라는 의미로 쓰였다. '완공'은 '완전할 완(完)'과 '장인 공(工)'으로 이루어진 어휘이고, '완수'는 '완전할 완(完)'과 '이룰 수(遂)'로 이루어진 어휘로 모두 '완전하다'라는 의미를 포함한다.

3 보충해서

'보완하다'는 모자라거나 부족한 것을 보충하여 완전하게 한다는 의미의 어휘로, 이와 바꾸어 쓸 수 있는 어휘는 부족한 것을 보태어 채우다는 의미의 '보충하다'이다.

'간추리다'는 '흐트러진 것을 가지런히 바로잡다.'를, '삭제하다'는 '깎아 없애거나 지워 버리다.'를, '바꾸다'는 '원래 있던 것을 없애고 다른 것으로 채워 넣다.'를 뜻하므로 '보완하다'와는 관련이 없다.

4 ① 완주   ② 완료

① 마라톤 대회에서 포기하지 않고 끝까지 달릴 자신이 있는지 묻는 내용이므로, 빈칸에는 목표한 지점까지 다 달림을 의미하는 '완주'가 알맞다.

② 모든 준비를 끝마친 상황을 확인하고 감탄하는 내용이므로, 빈칸에는 완전히 끝마침을 의미하는 '완료'가 알맞다.

글 쓰며 표현力 높여요

본문 93쪽

예시 얘들아! 이제 곧 학교 앞 어린이 도서관 공사가 완료될 거야. 새로운 도서관에는 어린이를 위한 책과 시설이 완벽하게 갖추어져 있다고 해. 도서관이 완성되면 함께 방문해 보자.

독해로 마무리해요

본문 94쪽

1 거북이

이 글은 토끼와 거북이가 경주를 벌이는 이야기로 시작하여, 완벽해 보이거나 뛰어난 능력을 갖고 있는 사람과 자신을 비교하기보다는 자신의 가능성을 믿으며, 거북이처럼 꾸준히 목표를 향해 걸어 보라는 내용으로 전개하고 있다.

2 ②

글쓴이는 보완해야 할 자신의 약점에만 사로잡히지 말고, 무엇이든 이룰 수 있는 가능성을 믿고 꾸준함과 성실함으로 이를 꽃 피우라고 하였다.

놀이로 정리해요

본문 95쪽

◎ 도토리에 적힌 한자가 쓰인 어휘를 골라 미로를 탈출해 보세요.

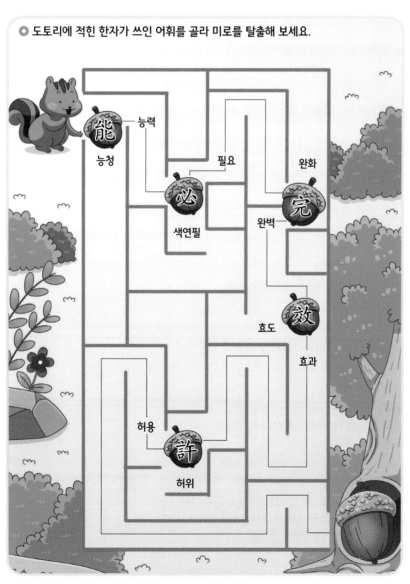

1 **1** ②
① 選 ③ 請 ④ 接
2 ④
① 建 ② 可 ③ 位

2 **1** ②
① 우산 산 ③ 눈 설 ④ 구름 운
2 ①
② 땅 지 ③ 갈 지 ④ 견줄 비

3 **1** ②
改(고칠 개) + 名(이름 명): 이름을 고침. 또는 그 이름.
2 ③
單(홀 단) + 位(자리 위): 수량을 수치로 나타낼 때 기초가 되는 일정한 기준.

4 **1** ③
魚(물고기 어) + 貝(조개 패) + 類(무리 류): 식품으로 쓰이는 생선과 조개 종류를 아울러 이르는 말.
2 ②
德(덕 덕) + 談(말씀 담): 남이 잘되기를 비는 말.

5 **1** ④
觀(볼 관) + 察(살필 찰): 무엇을 주의하여 자세히 살펴봄.
2 ③
完(완전할 완) + 走(달릴 주): 목표한 지점까지 다 달림.

6 ①
폭(사나울 暴) + 우(비 雨): 갑자기 세차게 쏟아지는 비.
② 폭염 ③ 강우 ④ 우기

7 **1** ④
'加(더할 가)'와 뜻이 비슷한 한자는 '增(더할 증)'이다.
① 쫓을 추 ② 세울 건 ③ 집 가
2 ①
'洗(씻을 세)'와 뜻이 비슷한 한자는 '滌(씻을 척)'이다.
② 얼굴 면 ③ 손 수 ④ 가릴 선

8 ②
'有效(유효)'와 뜻이 반대인 어휘는 '無效(무효)'이다.
① 즉효 ③ 무지 ④ 유무

9 ①
• 必(반드시 필) + 要(구할 요): 꼭 있어야 하거나 갖추어야 함.
• 要(중요할 요) + 約(간략할 약): 말이나 글의 요점을 잡아서 간추림.
• 主(주인 주) + 要(중요할 요): 주되고 중요함.
② 허락할 허 ③ 구할 수 ④ 구할 구